"十三五"国家重点出版物出版规划项目

诺贝尔经济学奖获得者丛书
Library of Nobel Laureates in Economic Sciences

地理与贸易

Geography and Trade

保罗·克鲁格曼(Paul Krugman) 著
刘国晖 译

中国人民大学出版社
·北京·

序　言

　　加斯顿·伊斯更斯[1]教授（博士）在 1975 年 10 月 4 日成为荣誉退休教授，本讲座就是在那个时候以他的名字命名设立的。《加斯顿·伊斯更斯教授（博士）讲座丛书》由本讲座资助出版。我们计划通过每两年组织一次由杰出学者主讲的系列讲座来促进理论经济学和应用经济学的教学。

　　我们所追求的这样一个目标之所以能够成为可能，是因为比利时的许多机构和社团为本讲座设立了资助基金，以表达他们对加斯顿·伊斯更斯教授长期且成果丰硕的教学生涯的感谢。

　　加斯顿·伊斯更斯出生于 1905 年 4 月 1 日。从 1931 年起，他开始在鲁汶大学执教。对于莘莘学子来说，伊斯更斯教授在讲授经济学概论（general economics）、公共财政学（public finance）和宏观经济理论（macro economic theory）的时候总是能够给他们带来启迪。他被认为是在鲁汶大学用荷兰语进行经济学教学的创始人，同时他也是经济系经济研究中心的奠基人。1954—1968 年，作为鲁汶大学管理委员会的一名成员，他在大学的社会服务任务中成功地加入了一项

---

[1] 加斯顿·伊斯更斯（Gaston Eyskens，1905—1988），比利时人，1931 年成为比利时鲁汶大学教授，经济学家，从 1949 年起，先后六次出任比利时首相。——译者注

重要内容。

  作为一名国会议员、部长和政府首脑，他纵横比利时政坛多年。他对佛兰德社区（Flemish community）的文化与经济发展也有着巨大的影响。

M. 洛伊斯（M. Loeys）教授（博士）
加斯顿·伊斯更斯教授（博士）讲座管理委员会主席

前　言

1990年10月，我有幸在比利时鲁汶大学主讲加斯顿·伊斯更斯讲座。本书就是由我在那次讲座中所做的三次演讲的内容构成的，此外，本书还包括了一些支持性的附录。[1]

将演讲的内容汇集成这样一本著作，并且为作者的随意放任提供广阔的空间，这对于作者来说是一种罕有的优待。作者在表达其思想的时候，不需要采用现在的经济学期刊上所强制采用的那种古板的严谨方式，也不需要展现出作者为了论证其著述所做出的持续性学术努力。也就是说，作者可以自由地表达思想，自由地思考，偶尔还可以做一点天真的想象。当然，我在这里提出我的思想的时候，我的态度是严肃认真的，但对于提出思想的方式，我还是增加了一些趣味性在里面，希望读者对此不要见怪。

当保罗·德·格罗韦（Paul De Grauwe）最初邀请我主讲加斯顿·伊斯更斯讲座的时候，我们商定讲座内容将集中于"国际要素流动"这个一般性问题。很显然，资本流动性的日益提高是20世纪80年代的显著特征，而且所有要素流动性的日益提高可能是欧洲一体化不断演进的结果。我想，从我对国际贸易所持有的观点（强调收益递增和不完全竞争的作用）

---

[1] 本书英文原著出版时间为1991年，现在的这个中译本是根据麻省理工学院出版社于1993年出版的平装本翻译的。——译者注

出发，或许可以探讨一些与要素流动性提高有关的有趣话题。

然而，当我就这一主题开展工作的时候，我发现我所做出的分析越来越偏离我所理解的国际经济学。在国际经济学中，我们讨论的基本情形是一个资源完全不能流动，但商品可以在毫无成本的情况下进行交易的世界。在此基础上，我们或许可以修改模型，也就是要么在模型中引入运输成本或者不可贸易品（nontraded goods），要么在模型中引入流动性要素，但是，建模的方式显然要受到上述基本情形的支配。而且正如任何从事经济理论研究的人所知道的那样，我们采用的建模方式在很大程度上决定了模型的内容——对于那些难以处理的问题，一般来说就不处理了。

我对于建模方式所持有的倾向是，生产要素是完全可流动的，但运输商品是有成本的。换句话说，与国际贸易理论相比，我自己所做的研究更接近于经典的区位理论（classical location theory）。

我本来也可以将这本书命名为《区位与贸易》（Location and Trade）。然而，我担心对于我所要表达的思想来说，这样的书名局限性太大了。尽管区位理论的传统知识博大精深，但是其所讲述的通常是包括三角形和六边形在内的一套有限的几何技巧。我所要研究的不是几何形状，而是一些令人着迷的问题，也就是当厂商必须就相互依存的空间做出抉择时所产生的那些问题。对于这样一个领域，"区位"这个术语似乎太过狭隘了。由于区位理论是经济地理学（economic geography）这个更加广阔的学科领域的一部分，这样，我就借用了"地理"（geography）这一术语来概括我所要研究的内

前　言

容。我猜想，尽管经济学家们会被那些程式化模型所吸引，但是当纯粹的地理学家们在看到它们的时候不仅会不太高兴，甚至还可能会否认这些程式化模型是他们学术领域的一部分。但无论如何，我喜欢这个术语，而且实际上我已经借用了这个术语。

在这次讲座中，我将论证经济地理学这个学科本身的重要性，它不仅对国际经济学极有助益，而且对于从总体上理解经济学来说，它也是一个有用的实验室。当然，这个学科也是很有趣味性的。在做这次讲座的时候，我很愉快，我希望读者们在阅读本书的时候也能够感到愉快。

保罗·克鲁格曼（Paul Krugman）

目　录

第一讲　中心和外围 ………………………………… 1
第二讲　地方化 ……………………………………… 41
第三讲　地区与国家 ………………………………… 84
附录A　中心—外围模型 …………………………… 123
附录B　历史和预期 ………………………………… 137
附录C　劳动市场共享 ……………………………… 146
附录D　区位基尼系数 ……………………………… 151
参考文献 ……………………………………………… 160
索引 …………………………………………………… 165
译后记 ………………………………………………… 183

第一讲　中心和外围

大约在一年以前,我突然有些意识到,作为一名国际经济学家,我已经把我的整个职业生涯都用于从事与经济地理学(economic geography)有关的思考和写作,而我对此却一直都没有觉察。

我所讲的"经济地理学"是指研究"生产的空间定位"的学科,它是经济学的一个分支,它所关注的问题是那些相互关联的事物会在什么地方出现。对于我所研究的这个学科,我没有必要再去做出更精确的定义,因为一旦我开始描述模型,你就能更好地理解我的意思。区域经济学(regional economics)的大部分内容,以及城市经济学(urban economics)的部分(但非全部)内容,在我看来都近乎经济地理学所要研究的内容。

地理与贸易

如果你对国际贸易理论一无所知，那么你可能会认为国际经济学在很大程度上只是经济地理学的一个特例，因为国际经济学认为边界（borders）和主权国家的政府行为在决定生产区位的形成方面起着特殊作用，而这也正是国际经济学所应研究的内容，或者至少是国际经济学应该花一些时间来研究的内容。对于这一点，目前几乎还没有人这样做，而我将在这次讲座中予以论证，事实上，人们针对国际贸易所做的分析并没有采用经济地理学或区位理论的视角。我们通常的做法是把众多国家模型化为一些没有维度的点：在这些国家内部，生产要素可以立即并且毫无成本地从一种生产活动转移到另外一种生产活动中去，甚至国家之间的贸易也通常是用一套被假设毫无空间性的概念来加以描述，在这样的描述中，所有可贸易商品的运输成本都为零。

进行简化性假设（simplifying assumptions）这种做法本身并没有错。事实上，只有通过这种具有策略性意义的简化（strategic simplification）方法，我们才能有望理解纷繁芜杂的现实世界。传统贸易理论中那些特定的简化性假设，已经帮助我们构建起一个令人赞叹并且非常有用的知识体系。尽管国家并不是没有维度的点，而且有些国家之间的距离比其他某些地方之间的距离更近（比如，加利福尼亚州与纽约州之间的距离比欧共体内部

第一讲　中心和外围

任何两个地方之间的距离更远，又或者伦敦市与巴黎市之间的距离比纽约市与芝加哥市之间的距离更近，再或者加拿大与美国之间的距离比其自身某些地方之间的距离更近），但在某些场合，忽略这些事实并没有什么坏处。

国际经济学家通常有这样一种倾向，即对于国家既占据一定的空间又存在于一定的空间之内这一事实熟视无睹。这种倾向根深蒂固，以至于我们几乎都没有意识到我们正在这样做。但是，我认为我们是要为这种倾向付出沉重代价的。这种代价主要不在于现实性的缺失（毕竟所有的经济分析都或多或少地存在现实性缺失的问题），而是在于它将某些重要问题排除在外，尤其是将论据的重要来源排除在外。我希望我能够说明，如果想理解世界经济如何运行，那么最好的方法之一就是从考察国家内部所发生的现象开始；如果我们想理解世界各国增长率的差异，那么不妨从研究区域间的增长差异开始；如果我们想理解国际分工，那么不妨从研究区域分工开始。因为如果这样做，那么数据质量会更加优良，数据所产生的兼容性问题会相对较少，而且在区域经济层面，潜在的经济力量受政府政策的扭曲也会相对较少。

如果有其他人正在致力于通过考察区域定位和国内贸易来揭示其中的事实和启示，那么国际经济学家决定忽视他们实际上正在研究的地理学问题就显得无关紧要了。然而不幸的是，没有其他人在那样做。这样说当然有失偏颇，毕竟还有一些优秀的经济地理学家以及一些城市和区域经济学家，他们都在为地理学问题殚精竭虑。然而，我将很快说明的是，这些人几乎无一例外地处于经济学专业的外围。国际经济学是一个旗舰式的学科领域：没有哪一个严肃的经济学系没有至少一名国际贸易专家，也没有哪一个严肃的经济学系不会把国际经济学当作一个研究领域推荐给它的研究生。相比之下，区域经济学甚至城市经济学就远没有受到这种优待。在经济学系里几乎找不到纯粹的经济地理学家，而经济地理学家甚至也不与经济学家一起探讨问题，他们最多也就是供职于城市研究所或者更多地供职于地理学系。他们或许工作得很出色，但他们的工作并不被经济学界所了解，也没有对经济学界产生影响。

我有充分的理由说明为什么会出现这种状况，同样，我也有充分的理由说明为什么必须改变这种状况。在开始陈述我自己的观点之前，我想简要地谈一谈为什么国际经济学家不承认他们正在研究地理学，以及为什么他们应该去研究地理学。

地理学：为什么没有研究它以及为什么应该研究它

在经济学中忽视空间问题主要源于一个简单的问题：如何看待市场结构。从本质上讲，如果就经济活动的空

第一讲 中心和外围

间定位问题进行有益的或者有趣的探讨,那么就必须摆脱收益不变(constant returns)[1]、完全竞争(perfect competition)这些分析路径的束缚,虽然这些分析路径仍然在支配着大多数经济学分析。只要经济学家在对收益递增(increasing returns)[2]和不完全竞争(imperfect competition)进行严谨思考时缺少分析工具,那么对经济地理学的研究就要游离于经济学主流之外。的确,随着经济学越来越严谨化,有关空间定位问题的研究在学术领域已经越来越被边缘化了。①

并不是所有研究经济地理学的人都对此有所了解,尤其是当许多研究文献很少关注或者不再关注市场模型的构建问题时,这些文献也就会忽略市场结构问题,并转而痴迷于几何学,也就是痴迷于研究在一个理想化的环境中,市场范围所应具有的形状问题,或者痴迷于研究在一个假定的市场和资源条件下,各种经济活动场所的最优定位问题。然而,在我看来,这样做其实是搞错了问题的研究顺序:在对主要问题的研究还没有取得进

---

① 城市经济学是一个重要的例外。这个学科历来强调构建模型,这一传统对许多实证研究都产生了影响。尤其是亨德森(Henderson,1974,1988)为分析城市系统的演化所发展起来的一个非常具有说服力的分析框架以及他为此所提供的大量实证证据。然而,公允地说,国际经济学家们要么是在很大程度上忽视了这些研究,要么就是根本不了解这些研究。

[1] 或增译为规模收益不变(constant returns to scale)。——译者注
[2] 或增译为规模收益递增(increasing returns to scale)。——译者注

展的时候，就急于研究次要问题的细节了。

退一步来问一个问题：经济活动最突出的地理特征是什么？一个简短的回答当然是聚集（concentration）。就拿美国来说，在这个幅员辽阔、土地肥沃的国家，绝大部分人口生活在东西两海沿岸的部分地区以及五大湖域[1]的部分地带。在这些地带之内，人口又进一步聚集在屈指可数的几个人口稠密的城镇。正如我在下一讲中所要证明的那样，这些城镇也就因此实现了高度的专业化，进而许多行业的生产活动都呈现出了显著的空间聚集特征。

生产活动在地理上的这种聚集，清晰地表明了某种收益递增所具有的普遍性影响。然而，问题也随之而来，相对于收益不变和收益递减（diminishing returns）[2]，收益递增确实更难以模型化。如果收益递增仅仅存在于企业外部，那么我们仍然可以使用在竞争性分析（competitive analysis）中所采用的研究工具；但是，事实证明我们不仅难以对外部经济（external economies）进行

---

[1] 北美五大湖域，地处美国东北部与加拿大交界处。五大湖自西向东分别为苏必利尔湖、密歇根湖、休伦湖、伊利湖和安大略湖。其中，除密歇根湖以外，其余四大湖均为美国和加拿大所共有。五大湖域为美国早期的经济发展提供了廉价的水上运输通道，尤其是可以把加拿大的铁矿石资源便捷地运送到美国，一些工业基地也是沿着五大湖域的南部边缘发展起来的（美国国务院国际信息局．美国地理概况．杨俊峰，等译．沈阳：辽宁教育出版社，2003．）。——译者注

[2] 或增译为规模收益递减（diminishing returns to scale）。——译者注

第一讲 中心和外围

科学分析，而且在实证研究中我们也难以对其进行捕捉。如果收益递增存在于企业内部，那么我们就不得不把不完全竞争予以模型化。

经济学理所当然地倾向于沿着一条尽可能较少抵制应用数学分析方法的路径发展。我们喜欢通过考察某些经济作用力（forces）来诠释这个世界，因为我们知道如何将这些经济作用力予以模型化，但是，对于那些我们无法将其模型化的经济作用力，我们就会避免把它们当作诠释世界的工具。而这也就意味着在国际经济学领域，从李嘉图（Ricardo）的时代直到20世纪80年代，在解释贸易起因的时候，几乎只强调比较优势（comparative advantage），而不强调收益递增。① 因为如果要将比较优势予以模型化，那么只需采用以收益不变和完全竞争为假设条件的模型就可以了，而这些模型对于经济学家来说可谓是信手拈来的工具。但对于国际贸易中那些不能被模型化的问题，经济学家们就简单地将其置之不理了。

不幸的是，正是由于收益递增对于经济地理学来说

---

① 对于那些注重定义的人来说，我所讲的比较优势是一个比较宽泛的概念，即国家间之所以进行贸易是为了利用它们之间的差异。相反，建立在收益递增概念上的分析方法要说明的是，即便对于初始条件相似的国家，它们也可以进行贸易，因为专业化可以带来内在的优势。

至关重要，所以，当我们关注的焦点仅仅集中于那些我们知道如何加以处理的问题时（尽管这种冲动是可以理解的），整个经济地理学都被避而不谈了。尤其是在1940年以后，随着经济学研究严谨化预期水平的日渐提高，学者们便干脆将经济地理学湮灭掉。

然而，时过境迁，在20世纪70年代，产业组织理论出现了新一轮发展浪潮，这为经济学家们提供了一系列有关不完全竞争的理论模型。虽然这些模型中没有一个能够令人完全信服，但它们还是使得经济学家们能够用条理清晰、推理严谨并且文雅精致的模型来分析那些具有收益递增特性的经济体。这样一来，收益递增不再是被回避或者被不顾一切地假设不存在的东西了。这次理论上的革命带来了新的思想解放，而这又改变了一系列其他学科。在国际经济学领域，过去这10年几乎是对国际经济学进行彻底反思的10年，在此期间，出现了一种新的观点，即许多贸易所体现的是基于收益递增的随意性专业化（arbitrary specialization），而不是为了利用资源或生产率上的外生性差异。① 特别是最近，研究增长问题的理论家们重新提出了一种观点，即持续性增长

---

① 要查阅"新国际经济学"（new international economics）中的大部分概念，可以参考赫尔普曼（Helpman）和克鲁格曼1985年的论著。

第一讲　中心和外围

可能是由于存在收益递增，因而像"大推动"（the big push）这样一些陈旧的概念又重新赢得了学者们的重视。① 而就在前不久，一些宏观经济学家认为，收益递增在商业周期中起着关键性的作用。②

我相信，把经济地理学当作经济学的一个重要领域，并且用与经济学中所使用的相同的新工具来复兴这一学科的时代已经来临。如果某个领域需要将收益递增予以模型化，那么这种要求现在已经不再令人感到遥不可及。不仅如此，至少在当前，收益递增事实上还显得很时髦。因此，我们现在可以承认的是，空间的确重要，而且我们现在可以尝试将对地理环境的研究带回到经济学分析之中。

开展经济地理学的研究为什么如此重要？我有三个特殊理由。第一，在国家内部，经济活动的区域定位本身就是一个重要的问题。当然，对于像美国这样的大国来说，生产在不同区域之间的定位问题不仅与国际贸易问题同等重要，而且比那些占用经济学家大量时间的问题更为重要。（我知道一些这样的经济学家，但我不会告

---

① 尤其可以参考罗默（Romer, 1986, 1987, 1990），以及墨菲、施莱费尔和维什尼（Murphy, Schleifer and Vishny, 1989a）。
② 参见霍尔（Hall, 1989），以及墨菲、施莱费尔和维什尼（Murphy, Schleifer and Vishny, 1989b）。

诉你他们是谁，在接下来的 30 年里[1]，我还得和这些人一起共事呢。）

第二，在某些重要的情形中，国际经济学和区域经济学之间的界线正变得越来越模糊。我们只要提一下欧洲在 1992 年[2]将会出现的情形就够了：当欧洲成为一个统一的大市场，并且资本和劳动可以自由流动的时候，再用国际贸易的标准理论范式来思考欧洲成员国之间的关系就显得越来越没有意义了，因为这些问题都将是区域经济学问题，而且如果到那时我们真的能够发展起来某种有趣的区域经济学，那将会是很有助益的。

然而，在我看来，重新审视经济地理学的最重要的原因是，经济地理学为我们提供了一个思想和实证的实验室。在过去 10 年里，"新"贸易理论、增长理论以及商业周期理论已经为我们勾勒出了一个经济学世界观，而这与 1980 年以前的大部分理论所勾勒出的经济学世界观有着很大差异。普遍的收益递增和不完全竞争，无所不在的多重均衡，历史、偶然因素，以及或许完全是自

---

[1] 本书英文原著出版于 1991 年，作者克鲁格曼时年 38 岁。——译者注

[2] 1985 年 6 月，欧共体委员会正式发布了关于在欧共体内建立统一大市场的白皮书。1986 年，欧共体首脑会议签署了《单一欧洲法案》（Single European Act），该法案明确规定要在 1992 年底以前实现欧共体内部市场的统一。1991 年 12 月，欧共体马斯特里赫特首脑会议通过了《欧洲联盟条约》（即《马斯特里赫特条约》），1993 年 11 月条约生效，欧盟正式成立。——译者注

第一讲 中心和外围

我应验的预言（self-fulfilling prophecy）[1]经常会起到决定性作用——这些思想现在已经广受欢迎。然而从现实的贸易、增长以及商业周期中很难得到令人信服的证据以说明这就是世界的实际运作方式。至少我确信当前的国际分工在很大程度上是由任意的、偶然性的因素造成的，但是，并不是每一个人都赞成我的这个观点，而且由于数据有限，人们很难做出判定性检验。保罗·罗默（Paul Romer）确信，收益递增在解释持续性增长中起着很大作用，但是，并不是每一个人都赞成他的这个观点，甚至连我也认为这个问题是不可知的。罗伯特·霍尔（Robert Hall）认为，收益递增在商业周期中发挥着关键性作用（他辩称城市和经济繁荣在本质上是相同的事物，只不过一个是就空间而言，一个是就时间而言）；同样，并不是每一个人都赞成他的这个观点，至少我就发现他的这个观点纯属无稽之谈（不过很有趣！）。

但是，当我们着手研究国家内部生产活动的区域定位问题时，我们会发现有极具说服力的证据可以支持尼古拉斯·卡尔多（Nicholas Kaldor）的"均衡经济学的不相关

---

[1] 或译作"自证预言""自我完成的预言""自我证实的预言"，指一种心理现象，即当一个人（正文中应该是指一个国家或地区的经济形态或贸易形态）被预言或预期为某种状态或形象时，这个人就有可能因为受到这种预言或预期的影响而最终达到这种状态或形象。——译者注

性"(the irrelevance of equilibrium economics)这一论点。的确,在所有的层面上,也就是无论从最小的层面还是从最大的层面(比如,从在印第安纳州的埃尔克哈特小镇聚集了美国管乐器的绝大部分生产活动,到目前 1/3 的美国人口仍然生活在最初的 13 个殖民地[1]),历史和偶然因素对生产活动的区域定位都有着明显并且深远的影响。而这种对历史因素的显著依赖,作为现实证据,有力地说明我们所置身其中的这个经济体更加接近于卡尔多视野中的那个由累积性过程推动的动态世界,而与标准的收益不变模型所描绘的那个世界相去甚远。

在本讲座中,我将第一次揭示经济地理学的重要性,这种重要性不仅是因为经济地理学本身是一个学科领域,而且因为它是对我们所置身其中的这个经济世界的一种考察方式。我尤其希望证明两件事情:收益递增实际上对经济存在着普遍性影响,而且收益递增使得历史在决定现实经济的地理属性方面具有决定性作用。

我已经说过收益递增会在许多层面上影响经济地理。在最低层面上,一些特定产业的区位——底特律的汽车产业、硅谷的芯片产业——通常都明显地反映出因暂时

---

[1] 指在 17 世纪至 18 世纪下半叶期间英国在北美建立的 13 个殖民地,包括马萨诸塞州、弗吉尼亚州、纽约州、康涅狄格州、新泽西州等,它们都分布于大西洋沿岸地带,这些英属北美殖民地后来成为美国成立之初的 13 个州。——译者注

第一讲 中心和外围

性优势而形成的"锁定"(locking in)。在中间层面上,城市能够存在本身就显然是一种收益递增现象。在最高层面上,整个地区的不平衡发展(美国的不平衡发展可能比欧洲国家更大)可能是由累积性过程推动的,而这些累积性过程又根源于收益递增。

在本系列讲座中,我将较少论及城市化问题。与我将要讨论的其他问题相比,对城市化问题的研究已经很充分了(与经济地理学相比,城市经济学是更为人们所接受的学科领域);同时,与其他问题相比,城市化问题也很少与国际贸易相关,而国际贸易正是我所关注的最终问题。因此,我将集中讨论最低层面和最高层面的收益递增问题:特定产业的区位和广袤区域内的发展差异。在这一讲,我们考察收益递增如何在最高层面影响经济地理;在下一讲,我们将讨论收益递增如何在最低层面影响经济地理。

为了引入地区发展差异这个主题,我将首先论述经济历史,从而为经济地理环境是有效的经济作用力这一命题提供十分简明的例证。而为了弄懂这个例证,在接下来的论述中,我将提出一个简单的模型。我所说的这个例证就是美国"制造业带"(manufacturing belt)的案例:美国"制造业带"是一个相对狭长的地域,从19世纪中叶到20世纪60年代,这里聚集了美国的大部分制造产业。我所说的这个模型——在这里我仅对模型做粗略的发展——揭示了需求、收益递增以及运输成本之间的交互作用推动了一个累积性过程,而且正是这个累积性过程造成了地区之间的发展差异。

美国制造业带的案例

在20世纪初,地理学家们注意到美国大部分制造业集中在东北部相对较小的区域以及中西部的东片地区——粗略地说,就是集中在由格林湾、圣路易斯、巴尔的摩和波特兰所围成的近似平行四边形的区域之内(见图1.1)。这个"制造业带"[①]形成于19世纪下半叶,此后便持久繁荣。佩罗夫等人(Perloff et al., 1960)估计,直到1957年,该制造业带仍然容纳了美国制造业64%的就业量——只比19世纪末20世纪初时74%的就业份额略有下降。

即使是上面的这个数字也仍然低估了制造业在这个地区的支配地位,因为在制造业带的全盛时期,地处制造业带之外的大部分制造业所涵盖的要么是初级产品的加工工业,要么是为供应狭小的本地市场而设置的制造

[①] 这个术语最先由德吉尔(DeGeer, 1927)提出。该制造业带并非独一无二,而且促成制造业带的各种力量也不受国家边界的限制。加拿大的工业聚集在安大略省的部分地区,这个工业区本质上也是美国制造业带的一部分。欧洲大陆有一个"制造业三角区",这个三角区涵盖了德国鲁尔地区、法国北部以及比利时,它与美国的制造业带有着高度的相似性。

业。也就是说，除了在生产的区位上需要与消费者十分接近，或者需要与投入的自然资源的储藏地十分接近以外，该制造业带实际上囊括了所有"可自由流动的"（footloose[1]）制造业。

图 1.1

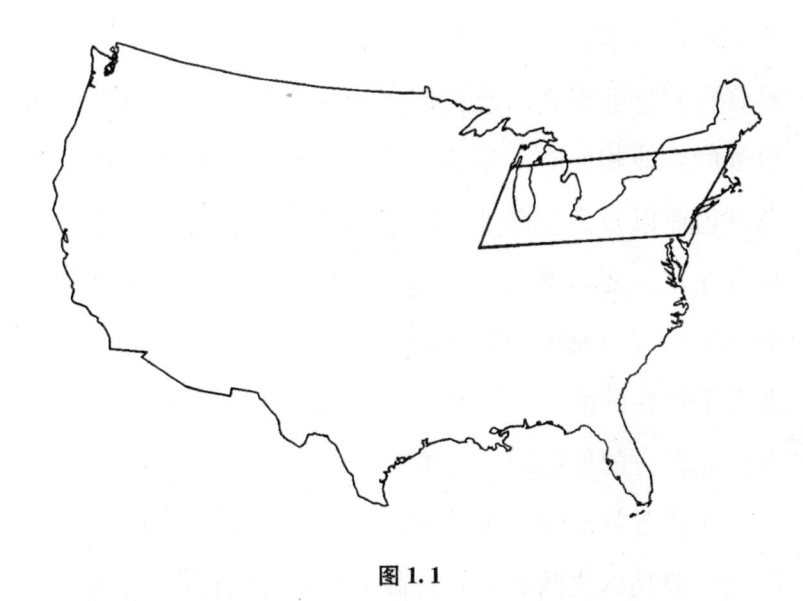

为什么这个制造业带能够占据支配地位如此之久？很显然，这不是因为其在自然资源上保有持续性优势，因为即使在农业和矿产业的重心已经转移到遥远的西部地区之后，该制造业带仍然保持了繁荣。1870 年，东北部地区以及中部的东北片区域（新兴的制造业带就位于这些地区）容纳了美国资源采掘业（农业、采矿业、林

---

[1] 也可译作"不受地域限制的"。——译者注

业、渔业）44%的就业。而到1910年，这一就业份额已经下降到27%，但是，这些地区在当时仍然容纳了70%的制造业就业。尽管该制造业带的制造业就业份额低估了其在制造业中的支配地位，但是其资源采掘业的就业份额却高估了该制造业带在资源储量上的地位。其原因是，在制造业带之内及其周边地区的农业，与制造业带以外的农业相比有着很大差异：前者主要包括了商品蔬菜种植业以及乳制品业，而这两个行业之所以能够在那里存在，主要不是因为该地区的土地适合这两个行业，而是因为其与城市中心邻近。换句话说，如果这个制造业带不存在的话，那么东北部地区以及五大湖地区的农业就业所占的份额应该会更小。

在制造业带的全盛时期，H. H. 麦卡蒂（H. H. McCarty）就地区之间的差异直截了当地总结道："在制造业带之外，城市的存在是为了向农场提供服务；而在制造业带之内，农场的存在是为了向城市提供服务"。

至于矿产资源，制造业带原先是从附近的煤矿和油井获取一些关键的原材料，然而到20世纪中叶，制造业所需的大部分原材料都是从其他地区输入的。

那么，为什么如此众多的美国制造业会落户于这个相对狭小的地域？当然，粗略的回答显然是：每一个单独的制造工厂落户于制造业带之内，是因为接近其他制

第一讲 中心和外围

造商可以给其带来一些好处。因此，这种促使制造商聚集在一起的显性动机，就解释了为什么即使在美国初级产品制造业大多都已转移到其他地区之后，制造业带仍能持久繁荣。一旦制造业带被建立起来，再要从这个制造业带搬迁出去就不符合任何单个制造商的利益了。

也许有人会问，为什么这种地理上的聚集会在最初的那个地点确立下来？这个问题关乎历史细节，我将在后面予以讨论。不过，首先还是让我们来问一个更加根本性的问题：究竟是什么力量引导制造商们希望扎堆在一起？为了解答这个问题，我将构建一个简略的模型，在这个模型中，地理上的聚集源于需求的外部性（demand externalities）。这个模型当然没有涵盖故事的全部内容，但对于找到我们所需要的答案来说，这个模型具有很强的启发意义。

产业地理聚集模型

我在这里将要叙述一个有关产业在地理上聚集的故事，这个故事主要描述的是收益递增、运输成本以及需求之间的交互作用。[①] 假设规模经济效应足够显著，那

[①] 本讲座仅仅建立了一个简略的模型。很显然，对于很多问题来说，这个简略的模型显得很敷衍。这些问题包括：制造业的市场结构是怎样的？如果存在利润，那么利润会被如何处置？固定成本中包括哪些资源？运输过程中使用哪些资源？如果使用一个设定完备的一般均衡垄断竞争模型（general equilibrium monopolistic competition model），我们也可以得出与正文内容相似的结论，这样的模型在附录 A 中予以介绍。在这里，为了表述方便，我采用了更为特殊的方法。

么每一个制造商都会希望只需要在一个地方进行生产就能向全国市场供给产品。为了能使运输成本最小化，制造商会选择具有大量当地需求的地方落户生产，而当地需求量较大的地方又恰好是大多数制造商选择落户的地方。所以，这就形成了一种因果循环，也就是一旦某个制造业带被建立起来，那么它就会一直存在下去。[①]

设想在一个国家当中有两个可供选择的生产地区（东部地区和西部地区），并且生产两种产品。如果生产农产品时需要使用一种当地特有的要素（土地），那么农业人口在这两个生产地区之间的分配就由外生因素决定。现在我们假设这两个地区的农业人口各占一半。

制成品可以在其中任何一个地区进行生产，也可以在两个地区都进行生产（这样，制成品在这两个地区就会有许多的对称生产）。假设某种制成品只能在一个地区进行生产，那么为了供给另外一个市场就必然会产生运输成本。另一方面，如果两个地区都生产该产品，那么就会产生额外的固定安装成本（fixed setup cost）。假设在每一个地区，制造业的劳动力数量与该地区制造业的

[①] 在这个模型中，我强调需求在决定区域间可贸易商品的生产定位上的作用。另一种方法，正如法伊尼（Faini，1984）在其论著中说明的那样，强调收益递增在非贸易商品生产中的作用。最终决定选择哪种方法只能取决于实证研究，但是现在则取决于个人兴趣。

生产规模成正比。最后，假设每一个地区对制成品的需求量与该地区的人口数量严格成正比。

模型的基本思想可以用简单的数值范例来加以说明。假设一个国家劳动人口中的60%是农民，并且这些农民被平均地分配到东部地区和西部地区。同时，我们还假设某种具有代表性的制成品的需求总量是10个单位。而且，如果所有的制造业都集中在一个地区，那么这个地区将需求7个单位的工业制成品（其中，当地农民需求3个单位，当地制造业工人需求4个单位），而另外一个地区将需求3个单位的工业制成品；如果制造业在这两个地区之间是平均分配的，那么每个地区对工业制成品的当地需求将是5个单位。

为了得出计算结果，我们需要设定固定成本和运输成本。假设开办一家工厂的固定成本是4个单位，而且单位运输成本是1个单位。于是我们就有了如表1.1所示的情形。该表显示了相对于所有其他厂商的区域定位策略而言，某个典型厂商在三种不同的区域定位策略下的成本。假设所有其他制造业都聚集在东部地区，那么该典型厂商在东部地区就有7个单位的当地产品需求，而在西部地区就有3个单位的当地产品需求。如果该典型厂商是从地处东部地区的这家工厂向全国市场提供商品，那么它就要承担4个单位的固定成本和3个单位的运输成本。这种区域定位策略所需承担的总成本显然要低于从地处西部地区的一家工厂向全国市场提供商品所需承担的总成本，因为后一种区域定位策略与前一种区域定位策略有着相同的固定成本，但须加上7个单位的运输成本；仅在东部地区设厂所需承担的总成本也低于为向每个当地市场提供商品而在两地各建一家工厂所需承担的成本，后一种区域定位策略虽然节约了运输成本，却要承担双倍的固定成本，共计8个单位。因此，在这种情况下，典型厂商在向全国市场提供商品的时候会选择在东部地区进行生产。

表1.1　　　　　　　　制造业区域定位的故事

制造业就业分布	成本项目	典型厂商的成本		
		生产区位		
		东部地区	两地都有	西部地区
仅在东部地区	固定成本	4	8	4
	运输成本	3	0	7
	总成本	7	8	11
两地五五开	固定成本	4	8	4
	运输成本	5	0	5
	总成本	9	8	9
仅在西部地区	固定成本	4	8	4
	运输成本	7	0	3
	总成本	11	8	7

然而，如果每一家厂商都将其生产集中在东部地区，

那么整个制造业的生产就将聚集在东部地区——这正是我们假设的情形。因此，生产在东部地区的聚集就是一种均衡状态。

但是，这不是唯一的均衡状态。正如表 1.1 的其余部分所显示的那样，如果制造业聚集在西部地区，那么类似地，每个厂商也会愿意将其生产聚集在西部地区。如果制造业在东部地区和西部地区均等分布，那么每个厂商也会愿意在两地均等生产。所以，在这个示例中，这三种生产分布——全部在东部地区、全部在西部地区以及在两地五五开——事实上都是均衡状态。

我们也可以通过图 1.2 来看出这种多重均衡（multiple equilibria）存在的可能性。在图 1.2 中，横轴用来衡量西部地区制造业劳动力就业量在制造业就业总量中的份额，纵轴用来衡量西部地区人口数量在人口总量中的份额。线 MM 表示制造业分布对人口分布的依赖关系，线 PP 表示制造业分布对人口分布的反向影响。

让我们先来看线 PP。这条线表示制造业劳动力就业与总人口之间的关系。我们用 π 表示制造业从业人口数量在人口总量（total population）中的份额，用 s_M 表示西部地区制造业劳动力就业量在制造业就业总量中的份额，同时用 s_N 表示西部地区人口数量在人口总量中的份额。由于假设有一半的农民在西部地区安家落户，所

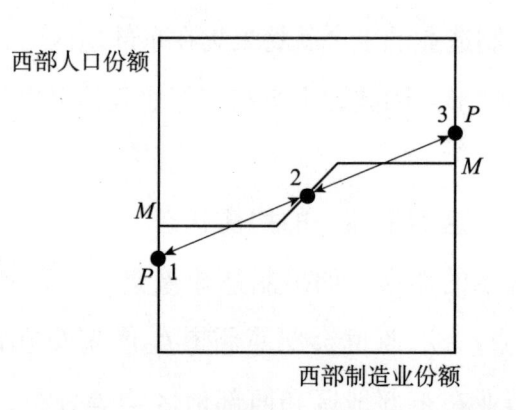

图 1.2

19　以西部地区人口数量在人口总量中的份额至少是 $(1-\pi)/2$，而且西部地区制造业的就业份额越多，西部地区人口份额也就越大。

$$s_N = \frac{1-\pi}{2} + \pi s_M \text{[1]}$$

这是一条向上倾斜的直线，但要比45°线更加平坦。[2]

接下来让我们看线 MM。假设西部地区人口份额很小，那么厂商就不值得去承担在西部地区开办制造工厂所需耗费的固定成本，此时，通过地处东部地区的工厂向西部地区市场提供商品会更加经济。反过来说，如果西部地区人口份额很大，那么厂商就不值得在东部地区生产产品。如果相对于运输成本来说，固定成本太高，

---

[1] 值得一提的是，这里隐含假设所有人口都是劳动人口，或者说，作者所指的人口总量实际上是劳动人口总量。——译者注

[2] 因为 $0<\pi<1$。——译者注

第一讲　中心和外围

那么只要人口在东部地区和西部地区的分布足够均等，就会促使制造商在东部地区和西部地区这两个市场中开展地方化生产。我们把这些分析结论放在一起就会得到如图1.2所示那种形状的线MM：当西部地区的人口数量较少的时候，西部地区就没有制造业生产；当西部地区的人口数量处于中间水平时，西部地区的制造业生产就与人口数量成正比；而如果西部地区的人口数量足够多，那么东部地区就没有制造业生产了。[1]令x表示一个典型的制造业厂商的销售量，F表示开办一家分支工厂的固定成本，t表示将一个单位数量的制造品从东部地区运送到西部地区或者从西部地区运送到东部地区的运输成本。如果$s_N xt < F$，那么从地处东部地区的一家工厂向西部地区的市场提供商品就比在西部地区开办一家工厂更加经济；如果$(1-s_N)xt < F$，那么从地处西部地区的一家工厂向东部地区的市场提供商品就更加经济；而如果以上两个条件都不成立，那么在每个地区各开办一家工厂就更加经济。

如果相对于运输成本来说，固定成本并不是太高[①]，

[①] 如果$F > tx/2$，那么即使人口数量是平均分布的，从单个工厂向两个市场提供商品也并非总是更加经济。在这种情况下，线MM是一条垂直线，并且制造业在两个地区均等分布的那种均衡状态是不可能出现的。

[1] 线MM应该是分段函数曲线。——译者注

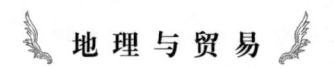

那么我们就可以得到以下结果：

如果 $s_N < \dfrac{F}{tx}$，那么 $s_M = 0$；

如果 $\dfrac{F}{tx} < s_N < 1 - \dfrac{F}{tx}$，那么 $s_M = s_N$；

如果 $s_N > 1 - \dfrac{F}{tx}$，那么 $s_M = 1$。

假设制造业的生产逐渐向其均衡水平调整，那么这个动态调整过程就可以用图1.2中的几个箭头来表示。这几个箭头说明存在三个稳定的均衡状态：制造业要么聚集在点1所表示的地区，要么聚集在点3所表示的地区，或者制造业均等地分布在这两个地区，即如点2所示。至于现实的均衡状态究竟是哪一个，则取决于起点在哪里，因此，历史因素至关重要。

当然，多重均衡并不一定会存在。因为如果生产的聚集真的发生的话，那么它的具体状况要取决于需求的外部性。制造商希望在市场最大的地方落户生产，而制造商落户生产的地方又正是市场最大的地方。然而，这种因果循环关系并非总是牢不可破的，由分散的农业部门所产生的拉力就有可能使这种因果循环关系无法维持。这种情形看上去可能像图1.3所示的状况：制造业均等地分布在这两个地区，这是唯一存在的稳定均衡状态。

我们可以很容易地推导出制造业生产聚集在一个地

第一讲 中心和外围

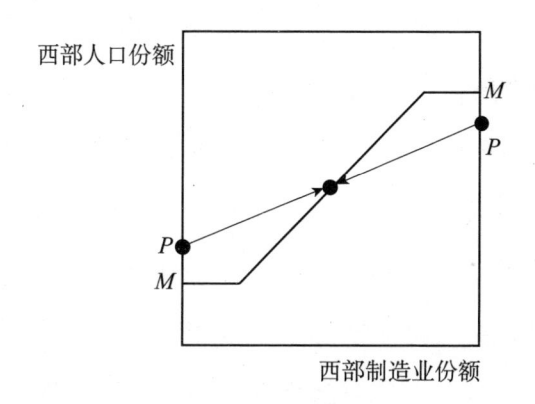

图1.3

区的必要条件。如果所有的制造业聚集在东部地区,那么西部地区的人口在总人口中的份额仅为$(1-\pi)/2$。此时,对于一个典型的制造商来说,从东部地区向西部地区的市场提供商品所需承担的运输成本就是$tx(1-\pi)/2$。同样,假设在东部地区设立一家分支工厂的成本是F,这样,生产在东部地区的聚集一旦确立下来,那么它就将持续下去,只要

$$F > \frac{1-\pi}{2}tx$$

如果这个条件不满足,那么历史因素就无关紧要:制造业的地理分布将依从于农业的地理分布。

因此,我们可以立即看出,历史因素是否起关键性作用取决于三个参数:F要比较大,也就是规模经济要足够显著;t要比较小,也就是运输成本要足够低;并且

π要比较大，也就是不受自然资源约束的、"可自由流动"的生产所占的份额要足够大。

我们现在可以讲述一个有关制造业带兴起的典型故事了。① 在早期的美国，农业人口占绝大多数，制造业几乎达不到规模经济，而且运输成本高昂，在这种情况下不可能出现产业在地理上的聚集。随着美国产业转型拉开大幕，制造业在南部地区以外的那些容纳了绝大部分农业人口的区域蓬勃发展起来，而南部地区则由于其世间罕有的糟糕制度而不适于制造业的发展。然而，在19世纪下半叶，制造业规模经济显现②，运输成本下降，而且非农业就业人口在总人口中的份额上升。所有这些产生的结果就是制造业带最初的优势被锁定下来。尽管后来对新土地和新资源的开发延伸到了西部地区，尽管奴隶制度终结了，但是这个被确立下来的制造业地区的影

---

① 这个故事基于戴维·迈尔斯（David Myers，1983）的精彩论著，但是他并不对本讲的粗糙表述承担责任。

② 从美国内战至20世纪20年代的这段时期，也就是在制造业带的全盛时期，大型的制造商应运而生，对此，钱德勒（Chandler，1990）讲述过一个精彩的故事。他认为，在许多行业当中，会有一个"先行者"（first-mover）通过利用新技术和降低成本来建设一两家规模空前的工厂，以此向全国市场提供商品，而这个"先行者"也就因此在行业中遥遥领先。虽然钱德勒并没有强调工厂的选址问题，但是在他所讲述的故事当中，美国的厂商们无一例外地都把他们的第一家大型工厂开设在制造业带以内的某个地方。有时候工厂的选址取决于能否得到特定的资源——比如说，在尼亚加拉瀑布城建设铝冶炼厂就可以利用当地的水电资源——但是，有的地方被排除在制造业带之外，接近市场这一标准在其中可能起着关键性作用。

响力非常强大，以至于在 3/4 个世纪里，这个制造业中心几乎安如磐石。

当然，这个故事在许多方面都是过分简化的。一方面，它可能低估了某些常规因素在制造业带的兴起过程中所起的作用——比如，在美国和欧洲，重工业的区域定位与煤田所在地之间都被猜测存在着相关关系。另一方面，它没有述及制造业带内部的本地专业化的成因——比如，为什么底特律会成为汽车产业中心，为什么纽约会成为服装产业中心，为什么大急流城[1]会成为家具产业中心等等。但是，这个故事确实抓住了制造业带发展过程的一个重要方面。同时，它还包含一些其他元素——比如，单个厂商层面上的收益递增，以及由这些厂商决策的交互作用所导致的外部经济——而要进一步构思这个故事，这些元素将再度出现。

然而，在转换话题之前，关于制造业带的兴起还有一个特殊的问题值得进一步研究，即运输成本自身的内生性所起的作用。

运输网络和地区差异

只要粗略地读一下美国经济史，我们就会很容易发现，制造业带的部分优势来源于该地区密集的铁路网络。

---

[1] 大急流城，美国密歇根州的第二大城市。——译者注

这个密集的铁路网络把地处制造业带之内的各个城市连接在一起，而且它本身就是制造业在该地区占据支配地位的产物。这种运输的网络效应值得稍微关注一下。

现在设想一个国家有三个（而不是两个）地区——中部地区、西部地区和南部地区，并且任何两个地区之间的运输成本是相等的，那么制造商将在哪里落户呢？通过类比我们在前面所做的讨论可以知道，如果这几个地区中的某一个比其他两个拥有更大的地方化市场，而且如果相对于运输成本来说，固定成本足够大，那么人口较多的地区将会吸引制造业生产在该地区聚集。

再设想一个国家有四个地区——东部地区、中西部地区、西部地区和南部地区。现在假设东部地区和中西部地区之间的运输成本比其他地区之间的运输成本要低得多。用经济学术语来说就是，东部地区和中西部地区实际上形成了一个单一的地区。就算这两个地区各自的市场都不大，但是东部—中西部这一地区比南部地区或者西部地区更能吸引制造业前来落户，因为在东部和中西部中的任何一个地区落户的工厂都能更加便利地进入由这两个地区所构成的联合市场。

但是，为什么在一个方向上的运输成本比在其他方向上的运输成本低得多呢？最自然的回答是，运输本身就存在规模经济。铁路或者高速公路的建设投资是不可细分的，而航空运输的使用频率以及将大型、高效的飞机用作运输工具的能力都取决于需求量的大小。假设制造业的生产都聚集在东部地区和中西部地区，从而也就假设需求和供给也都聚集在东部地区和中西部地区。这样，这两个地区之间的运输量就会高于在其他路线上的运输量，这意味着更低的运输成本；反过来，更低的运输成本又会强化东部地区和中西部地区作为生产区位的优势。

原则上讲，我们有可能把这种运输网络效应设想成为产业地理聚集的一个独立起因，也就是说，我们有可能构建一个不存在地方市场规模效应的模型，而这种地方市场规模效应正是我们在前面所构建的基本模型中的驱动力量。当然，在实际中，这两种效应是共同发挥作用的。相比美国的其他地方，制造业带的特点不仅在于它容纳了更加稠密的人口，而且在于它具有更加发达的运输网络，而这些都给制造商提供了更多的市场进入机会。

进一步的思考

美国制造业带的例子本身就引人入胜。它的兴起与持久繁荣是美国经济史中重要的一页，但也是被忽略的一页。然而，与其现实意义相比，更为重要的是有关工业区域定位的这段历史在总体上说明了美国经济的一个本质，即收益递增和累积性过程不仅普遍存在，而且它们通常会使得历史上的偶然性事件发挥决定性作用。

同样有趣的是，有关制造业带的故事还得追溯到19世纪中叶。就像布赖恩·阿瑟（Brian Arthur）那样，人们通常认为，由于技术变得日益重要，所以外部经济和累积性过程在最近的几十年中也已经变得更加重要了。然而，远在信息时代曙光乍现之前，制造业在地理上的聚集就已经在美国形成了。所以，如果说我们的经济现在不能用传统的收益不变模型予以很好的描述，那是完全不对的，因为我们的经济从来就不能用传统的收益不变模型予以很好的描述。

变迁的过程

需求所在的位置决定了生产落户的位置，反之亦然。这种循环关系可能是一种非常顽固的力量，它会将任何业已形成的中心—外围格局锁定下来。在有关美国制造业带的例子中，当工业化、工厂生产以及铁路都出现的时候，生产的特定地理结构恰好显现出来，而在接下来的一个世纪中，这种地理结构基本上没有发生改变。

然而，万物皆非永恒。事实上，对于本章所提出的模型来说，最令人感兴趣的事情之一是其有关经济变迁过程的解说。在这里，我特别想对从中心—外围模型中引申出来的两个观点予以说明。第一，尽管生产的地理结构可能在很长的时间里都保持稳定，但是当它确实要发生变化的时候，它就会变得非常迅速。事实上，基本条件的渐进改变有时候会导致剧烈的变化,或者更精确地说,会导致灾难性的变化。第二,当变化发生的时候,它可能不仅要受到客观条件的强烈影响,而且要受到主观预期的强烈影响(这种主观预期可能是自我应验的)。

有关突变的逻辑

为了弄清楚生产的地理布局在有的时候是如何发生突变的,我们假设农业劳动力在地区间不是均等分布的,而是不均等分布的,而且在最初的时候,西部地区人口较少。假设情形如图 1.4 所示。线 PP 表示制造业就业量与人口总量之间的初始关系。尽管可能的均衡状态会出现在点 2 的位置(在这一点,西部地区将会生产制造品),但是我们假设由于东部地区先行一步(a head start),所以我们现在实际上处于点 1 的位置,在这一点,西部地区没有制造业生产。

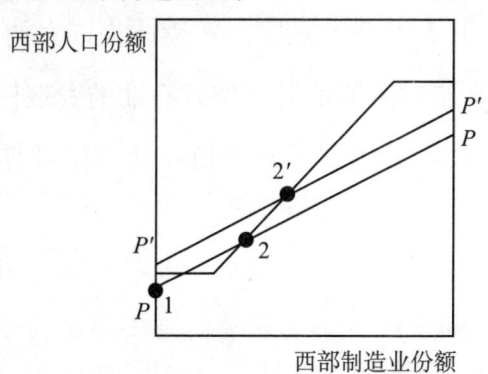

图 1.4

现在假设农业劳动力逐渐从东部地区向西部地区迁移。这将使得线 PP 向上移动到线 $P'P'$ 的位置。[1] 很显然，东部地区制造业的支配地位将会在某一点突然瓦解。当西部地区的人口数量达到一个临界值的时候，对于制造商来说，在西部地区进行生产就变得有利可图；随着西部地区制造业生产的增加，人口数量将进一步增长，而这又会刺激制造业生产进一步增加。因此，农业基础的一个微小增加，就有可能使得进口替代（import substitution）以及增长[2]这样的一个累积性过程得以启动，并最终达到如点 $2'$ 所示的均衡状态。

上述图景可能并非完全出于虚构。保罗·罗德（Paul Rhode，1988）就曾指出，在19世纪末期，加利福尼亚州的经济还依赖于自然资源，制造业发展水平有限，而这在很大程度上是因为当地市场太过狭小，以至于不能支撑起大工业的发展。罗德认为，大约是在从19世纪到20世纪过渡的那段时期，石油的发现使得加利福尼亚州的人口数量达到了临界值，从而推动加利福尼亚

---

〔1〕因为西部农业人口数量占人口总量的份额增加，也就是 $s_N=(1-\pi)/2+\pi s_M$ 的截距项增大，所以线 PP 向上平移。——译者注

〔2〕这里的"进口替代"应指西部地区本地化生产出的制造品替代从东部地区购买的商品。"增长"应指西部地区制造业生产的增长。——译者注

第一讲 中心和外围

州走上了一个爆炸式的增长过程（尤其是使得洛杉矶[1]迅速崛起成为制造业中心）。

这类模型的重点在于，它不仅有助于解释为什么历史因素至关重要，而且也说明当变化确实到来的时候，它往往是突如其来的。我们或许还要注意的是，我们难以预测风水如何流转：在图1.4所示的这段假设的历史中，人们可以看到西部地区的增长突然加速了，而且无缘无故。

历史和预期

既然我已经对有关突变的逻辑进行了阐述，那么让我再就这个逻辑提出一个问题——那些具有现代宏观经济学背景、强调预期理性（rationality of expectations）的读者们无疑都已经想到了这个问题。假设农业人口的分布实际上就是按照图1.4所示的那种方式演变的，那么制造业工人以及（或者）制造商就不会意识到西部地区的人口将会突然增加吗？在预计到西部地区的人口将会增加以后，他们就不会向西部地区搬迁，从而使该变化过程显得更加平稳吗？

答案是肯定的，但前提是他们得掌握充分的信息。

---

[1] 洛杉矶是美国加利福尼亚州西南部的一个城市，也是美国最大的城市之一。——译者注

从实践上来看，无论是在这里还是在别的什么地方，我都怀疑理性预期（rational expectations）假设似乎对信息的充分性和经济参与人深谋远虑的能力做了不合理的假定。对于在这个问题上所产生的争议，我不想深究。我只想证明，在图1.4所示的动态过程中隐含着一种静态预期，而且这种静态预期在分析问题的时候仍有用武之地。

就算我对理性预期假设的现实意义持怀疑态度，但既然我们已经抛出了预期对地区发展所起到的作用这样一个问题，那么我们就应该对其寻根究底。因为如果稍微想一下这个问题，那么你就会意识到，我在前面所提到的那种循环过程不仅如我已经证明的那样会导致地区差异，而且也会通向自我应验的预言。

再来考虑一下我们在前述模型中提到的那个包含有两个地区的国家。为简便起见，这里我们假设相对于运输成本来说，规模经济足够显著，以至于只存在两种长期均衡状态，也就是制造业要么完全聚集在东部地区，要么完全聚集在西部地区。我们还假设工人不能立即全部流动，而且存在某种调整成本（adjustment cost）[1]，

---

[1] 这里所说的"调整成本"似应指工人在不同地区之间迁移所需要的成本。——译者注

第一讲 中心和外围

它会限制制造业的迁移速度。这样，当一个工人选择在一个地方或者另一个地方就业以后，他就没有办法再从这个选择中摆脱出来，至少在一段时期之内就是这样。

因此，我们立即可以看出，在这种情形下，工人所关心的就不仅是他们的当前工资，他们将根据诸如未来工资的现值这样的信息来决定究竟该迁往何处。但是，在任何时点上，每一个地区的实际工资率又取决于制造业工人的分布状况。因此，这就意味着，每一个工人对其当前就业地点所做出的选择，取决于他对其他工人未来选择所做出的预期。

现在，出现自我应验的预言就已经确定无疑了。假设东部地区和西部地区的农民数量相等，并且假设在一开始，东部地区拥有的制造业的规模稍大一些，从而也就假定由于东部地区的制造业具有更好的前向关联（forward linkage）和后向关联（backward linkage）[1]，所以东部地区制造业的实际工资会更高。在这样的假定下，人们可能会预计制造业将从西部地区迁移到东部地

---

[1] 赫希曼（A. Hirschman，1958）在《经济发展战略》（*The Strategy of Economic Development*）一书第六章中提出了"前向关联"和"后向关联"这两个概念，其大意是指以产品需求和产品诱导为媒介的产业间关联。在本书附录A中，克鲁格曼借用了赫希曼提出的这两个概念，并且把"厂商希望落户于那些接近大型市场的地方"看成是一种"后向关联"，而把"工人们希望能够更加方便地获得由其他工人生产的商品"看成是一种"前向关联"。——译者注

区。[1]但是，假设出于某种原因，公众确信西部地区（而不是东部地区）将是制造业迁移的目的地，并且西部地区的实际工资最终将因此超过东部地区，那么这种信念将会导致看似反常的产业迁移，即制造业从实际工资较高的地区迁往实际工资较低的地区，而且这种产业迁移实际上最终将使地区间实际工资差距发生逆转！如果这个逆转过程足够迅速，那么从东部地区迁移到西部地区的工人将会发现，他确实做出了一个正确的选择。因此，"西部就是机会之所在"这一信念最终会成为一个自我应验的预言。相反，如果每一个人都对东部地区有信心，那么东部地区当然也就会获得制造业的青睐。

　　自我应验的预言会在什么时候胜过最初的优势呢？有几个条件显然至关重要。首先，相对于未来工资差距的贴现率来说，工人和厂商迁移的速度必须足够快，从而能使一个地区的未来优势比另一个地区的当前优势更为重要。其次，收益递增必须足够显著，从而能让人口分布的预期未来变化促使实际工资差距发生快速变化。最后，起点一定不能太不平均：如果有足够规模的制造业聚集在一个地区，那么这种最初的优势可能会太过强

---

[1] 在实际工资更高的地方，企业的劳动力成本可能会更高。正文的逻辑似乎是，实际工资更高的地方会吸引更多的人口落户，因而市场更大，进而吸引制造业迁入。——译者注

第一讲　中心和外围

大,这时,即便对另一个地区抱有最乐观的预期,那也不能胜过最初的优势。

我们可以用相当简洁的方式对自我应验的预期(self-fulfilling expectations)这一问题进行正规化分析——附录 B 就提供了这样一种正规化分析。这个正规化分析告诉我们,如果制造业工人的初始分布处于某个区间之内,那么这两个地区中的任何一个最终都有可能成为制造业的聚集地,至于究竟聚集在哪一个地区,则取决于预期。这一初始区间存在与否?如果它确实存在,那么这个区间又会有多大?这些都完全取决于调整[1]的速度(the speed of adjustment),而只有当调整的速度比较慢时,我们才可以肯定最初的优势能够随着时间的推移逐渐积累起来,而不是有可能被自我应验的预期所剪灭。

对于有关突变的逻辑我就谈到这里。如果这个故事与现实中的一些情形相符,那么这些情形究竟是什么?答案是:我不能确定。在美国制造业带的例子中,显然是历史决定了一切。对于美国大平原[2]的工业前景,我

---

[1] 根据附录 B,这里所说的"调整"似应指劳动力在不同地区之间的迁移,或者更宽泛地说,是指资源在不同地区之间的重新配置。——译者注

[2] 指从密西西比河流域向西一直延伸到落基山脉的大片草原(高平原)地带。就直观印象来讲,这片平原在美国版图上大致相当于从其中轴线向西延伸一半左右。大平原地带降水较少,风沙较多,经过治理,现在那里已经成为美国重要的农业生产区。——译者注

们本来应该相信其能够产生自我应验的信念（self-fulfilling belief），而且这种信念本来也应该胜过制造业传统区域的历史性优势；但这些并没有发生。（对于这个判断正确与否，我并没有多少把握。）

然而，在较小的层面上还是可以找到与自我应验的预言较为相符的情形的。在促进美国地方经济发展的传统做法中，一个重要的手段当然是一直以来都在开展的自我宣传。那些由当地企业家和商会所做的自我宣传有时候显得滑稽可笑。他们的自我宣传试图让那些可自由流动的个人和企业相信他们所在的州或者城镇更具有投资价值，因为他们相信如果可以吸引足够多的个人和企业流入当地经济并达到一个临界水平，那么当地经济将会实现自我可持续性发展。在这种自我宣传中，有的还包括了具体的经济刺激计划，即实行一种原始工业化时期的政策（proto-industrial policy）[1]，在下一讲有关阿克伦城以及橡胶工业的故事中，我们将看到一个示

---

[1] 原始工业化是由门德尔斯（Franklin F. Mendels）在20世纪60年代末至70年代提出并发展起来的一个概念。在其于1972年发表的那篇备受关注的论文[Mendels, Franklin F. Proto-industrialization: the first phase of the industrialization process. *Journal of Economic History*, 1972, 32（1）: 241-261.]中，门德尔斯将以机器大工业为特征的狭义的现代工业化过程与原始工业化时期或称工业化前期的工业增长阶段区分开，认为原始工业化时期实际上是整个工业化过程的第一阶段，这个阶段的特征是工业以农村手工业为主，并且仍然受制于传统的生产组织形态，但这一时期的工业生产以市场为导向。——译者注

例。但在通常情况下，这种自我宣传只是试图使人们对该地区有一种乐观的看法。这里所做的简要分析表明，至少从原理上讲，开展自我宣传可能是非常有意义的。

自我宣传的结果也有可能会被倒转过来：如果出于某种原因，企业和工人对一个地方的前景感到悲观，那么这种悲观情绪就有可能会是自我证成的（self-justifying）。我很难不去猜想与此类似的事情可能正在我所在的州[1]上演。如你所知，马萨诸塞州的州长[2]于两年前竞选总统时在一定程度上所倚仗的就是他担任州长期间马萨诸塞州令人赞叹的经济业绩。但他屈辱地败给了乔治·布什（George Bush），而且马萨诸塞州的经济也陷入了混乱。这仅仅是一种巧合，还是由于总统选战以及紧随其后的马萨诸塞州内部的政治斗争制造了一个自我应验的螺旋式下降呢？（马萨诸塞州的经济会继续内向坍缩吗？）我不知道这个问题的答案。在我看来，这种看似别出心裁的想法并非没有道理，但在那些持有传统观念的经济学家的眼里，这种想法就显得很荒唐了。

---

[1] 指马萨诸塞州。——译者注
[2] 指民主党总统候选人迈克尔·杜卡基斯（Michael Dukakis）。在杜卡基斯担任马萨诸塞州州长期间（1975—1979年和1983—1989年），该州经济表现良好，尤其是20世纪80年代的快速发展被誉为马萨诸塞奇迹。在1988年举行的总统大选中，杜卡基斯败给共和党总统候选人乔治·赫伯特·沃克·布什。——译者注

地理与贸易

我们站在哪里

在这一讲中,我试图证明经济地理学应该被视为经济学的一个重要领域,它等同于国际贸易学,甚至在一定程度上还涵盖了国际贸易学。众所周知,经济学的论证过程要能够站得住脚,不仅要看起来美观,而且至少还要有实证支持。我已经尝试用一个我能想得出来的最漂亮的地理学模型来证明我的观点,这个模型表明,一个中心—外围结构是如何内生性地出现于一个国家内部。同时,我也证明了,在从美国内战至第一次世界大战的这段时期,美国出现了与此类似的情形。

然而,在经济地理学中,聚集现象在很多层面上都会发生。虽然大都市带(huge metropolitan belts)的出现可能最为引人关注,但是就国际事务来讲,促成特定产业地方化(localization)的那些力量有可能更加有趣(特定产业的地方化通常但并非总是发生于大都市带的内部)。因此,在下一讲中,我将把视野从较大的层面转移到较小的层面上来:从中心—外围问题转向地方化问题。

第二讲　地方化

1895年，居住在佐治亚州多尔顿小城的一个名叫凯瑟琳·埃文斯（Catherine Evans）的十几岁小姑娘做了一条床单当作结婚礼物。这条床单在当时可是稀罕货，因为它是采用植毛工艺制成的。植毛工艺或者植绒工艺在18世纪和19世纪早期就已经被普遍采用，而在埃文斯生活的年代，这种工艺就已经被废弃不用了。这件结婚礼物的直接结果就是[1]，多尔顿市在二战以后崛起成为美国首屈一指的地毯制造业中心。美国前20家地毯制造商中有6家落户于多尔顿市，其余14家地毯制造商，除一家以外，也都落户于多尔顿市附近。多尔顿市及其

---

[1] 作者如此用语似乎意在暗示历史上的偶然性事件可能会引发某些产业在地理上聚集的发展过程。这在后文有关案例的讲述中会进一步说明。——译者注

邻近地区的地毯制造业为1.9万个工人提供了就业岗位。

在这一讲稍后的部分，我还将再次讨论凯瑟琳·埃文斯和她的故事。而现在，我只想说，这个有关地毯的故事不仅特别迷人，而且还相当典型。在美国，制造业在很大程度上是高度地方化的（localized）[1]。当一个人试图去理解地方化成因的时候，他就会发现，地方化起源于历史上一些看似微不足道的偶然性事件。

我将在后面讲几个这样的故事，但首先，还是让我们先来建立一个分析体系。

产业地方化的成因

当然，对产业的高度地方化进行考察并非由我首创。事实上，产业地方化是工业化过程中的一个显著特征，它在19世纪后期就已经备受关注，在1900年的美国人口普查报告中就有一篇涉及这一主题的非常有趣的专题文章。有关产业地方化的文献浩如烟海，难免挂一漏万，经年累月沉淀下来的重要文献包括胡佛（Hoover）于1948年出版的著作、利希滕贝格（Lichtenberg）于

---

[1] localized 也可译作"地方性的"或"已经实现了地方化的"。本书中所谓的"地方化"实际上就是工业生产在地理上的聚集，这可能是沿用了马歇尔（1920）在《经济学原理》[*Principles of Economics* (*Eighth Edition*). (Reprinted 2013). London: Palgrave Macmillan, P. 222]一书中所使用的概念。在《经济学原理》第四篇第10章第1节中，马歇尔写道："聚集在某些地方的产业通常被称为已经实现了地方化的产业，尽管这种称谓可能并不十分确切。"——译者注

第二讲 地方化

1960年出版的著作以及最近由波特（Porter）在1990年出版的著作。在产业地方化这一专题和城市经济学之间有很多重复交叉的内容，与此有关的理论、事实证据以及可靠的实证研究可以在贝罗奇（Bairoch，1988）、雅各布斯（Jacobs，1969，1984）和亨德森（Henderson，1988）的著作中找到。

不过，还是让我们回到起点：正是阿尔弗雷德·马歇尔（Alfred Marshall）对产业地方化这一现象做出了经典的经济学分析。（事实上，马歇尔的外部经济这个概念的背后所蕴含的正是他对产业地方化所做的考察，而现代的经济学家竟然会忽视产业地方化这样一个问题，这真令人感到十分惊奇。）

马歇尔（1920）[1]发现有三个截然不同的原因导致了产业地方化。首先，通过将一个产业中若干数量的厂商聚集在同一个地方，产业中心就为专业技术工人提供了一个共享市场，而这个共享市场对工人和厂商都有利：

> 已经实现了地方化的工业会衍生出一个稳定的技术市场，而这个技术市场又会给工业带来极大的好处。雇主们愿意去的地方往往也就是他们能够很

---

[1] 以下引述的内容都摘自马歇尔《经济学原理》第四篇第10章第3节。——译者注

容易地雇用到掌握专门技术的工人的地方，因为雇主们需要那些技术；而求职者愿意去的地方自然也就是有着许多雇主的地方，因为这些雇主需要的正是求职者所掌握的技术。因此，求职者所去的地方就有可能成为一个良好的技术市场。对于一个驻地偏远的工厂来说，即便工厂主能够轻易地获取普通劳动的大量供给，但也经常会因为工厂主需要一些掌握专门技术的劳动工人而不得不大举搬迁；而对于一个技术工人来说，一旦他从这个驻地偏远的工厂中失业，那么他在当地也就难以找到其他的就业机会。

其次，产业中心可以为该产业提供种类丰富且成本低廉的、不可贸易的投入品：

> 众多的附属行业会在临近地区成长起来，它们能够为当地工业提供生产工具和物料，能够为当地工业组织货物运输，而且能够通过许多途径为当地工业节省物料提供条件……在一个聚集了大量同类生产活动的地方，就算该行业中使用的每一件资本品都不是非常巨大，但要以更为经济的方式使用昂贵机械有时候也是完全可以实现的。因为每一个附属行业虽然只服务于生产过程的一个细小环节，但

第二讲 地方化

它是在为临近地区的众多产业提供服务，因此它就能够持续不断地使用具有高度专用特性的大型机械，从而也就能够偿付机械使用费……

最后，因为信息在局部地区流动比在范围更广的地区流动更加容易，所以产业中心会出现我们现在所说的技术溢出（technological spillovers）：

> 行业机密不再是机密；它们仿佛是尽人皆知的事情……好的工作方法会得到正确的理解，对于机械、商业流程和总体商业组织的发明和改进，人们很快就会探讨它们的价值；如果一个人有了新的想法，那么这种想法不仅会被别人采纳，而且采纳者会在其中掺杂他们自己的意见；这样一来，最初的那个新想法就会变成更加崭新的想法的源泉。

（总的来说，与现在时髦的措辞相比，我更加喜欢马歇尔的措辞！）

马歇尔在其著作中所使用的语言不仅古老朴拙而且失于形式规范，但是透过这些，人们还是可以看到在马歇尔的思想中有一个非常复杂的模型。马歇尔在分析中忽略了一些东西，对此我将尝试予以说明，但从总体上来说，本讲这一部分内容的主要目标是用一种更为简练、粗放的风格来重新表述马歇尔的思想，从而使其焕然一新。

因此，就让我们来依次探讨马歇尔提出的产业地方化的成因。

劳动市场共享

现在，设想只存在两个地区和一个产业，这个产业由两家厂商组成，每家厂商都可以在两个地区中的任何一个地区进行生产。假设这两家厂商都使用掌握相同特种技术的工人。然而，无论出于何种原因，假设这两家厂商对劳动的需求并不完全相关。比如说，它们可能会为了满足不确定的需求而生产差异化的产品；或者它们可能会受制于针对特定企业的生产冲击。无论原因如何，假设这两家厂商对劳动的需求既不确定也不完全相关。

为使问题更加具体，假设每家厂商都有可能要么经历一段"美好时光"，要么就经历一段"艰难时刻"。当处于"美好时光"时，每家厂商都愿意以现行工资雇用125位专业技术工人，而当处于"艰难时刻"时，每家厂商所愿意雇用的专业技术工人只有75个。我们还假设总共有200个这样的工人，因此，对劳动的平均需求就等于劳动的供给。（在这个例子中，我把专业技术劳动力的工资率设为既定的，因此，劳动要么是过度供给的，要么是过度需求的。如果你愿意，你还可以设想一个工资议价过程，并且这个工资议价过程可以在劳动需求受到冲击之前将工资设定在预期市场出清的水平上——这

第二讲 地方化

个假设并不是太离谱。但是,这个假设并非必不可少。稍后我就会证明,即便工资率具有完全弹性并且实现了劳动市场出清,故事的基本内容仍将保持不变。)

现在,我们可能会问:如果这两家厂商选择落户于不同的地区,从而每个地区形成一个公司城,每个公司城拥有 100 个劳动力,或者两家厂商选择落户于相同的地区,该地区总共有 200 个劳动力,并且这些劳动力可以在任何一家工厂工作,那么对于厂商和工人来说,这两种选择哪一个更好呢?

你可能马上会从有无剥削的角度来思考问题:每家厂商不是都希望拥有一群受其控制的当地劳动力吗?我将很快回过头来讨论这个问题,而且我将证明事情并不像你想象的那样。但是现在,让我们先将这个问题放在一边,并且假设工资被设定在预期市场出清的水平上。这样,我们马上就能看到,厂商和工人都落户于同一个地区对于双方来说都是有利的。

我们先从厂商的角度来设身处地地考虑这个问题。如果每家厂商分处不同的城市,每个城市拥有 100 个劳动力,那么在劳动需求高涨的时候,厂商将无法利用它的好运气:当处于"美好时光"时,每家厂商都有对 25 个工人的过度需求无法满足。然而,如果两家厂商都落户于同一地区,那么当一家厂商处于"美好时光"时,另一家厂商至少偶尔会处于"艰难时刻",此时,处于"美好时光"时的厂商将会有额外的工人可以雇用。

接下来,我们再从工人的角度设身处地地考虑这个问题。如果工人们居住在公司城,那么厂商的"艰难时刻"也就是工人们的"艰难时刻":无论何时,只要厂商的劳动需求低迷,就会有 25 个工人失业。而如果这两家厂商位于相同的地区,那么一家厂商的"艰难时刻"至少有时候会被另一家厂商的"美好时光"所抵消,因此平均失业率也就会相应地更低。

尽管这是一个微不足道的例子,但是我想这个例子还是有用的,因为它可以澄清我们经常会误解的一些问题。第一,这个例子澄清了从劳动市场共享中所获收益的性质。因为"共享"这个词可能会诱导人们认为,创造一个共享的劳动市场类似于投资组合的多样化,也就是说,它与工人的风险规避行为有关。风险最小化无疑也很重要,但是我在这个例子中并没有提及。所以,即便工人完全是风险中性的(risk-neutral),那么创造一个劳动市场共享的地方化产业也仍然可以提高效率。

第二,如果想一下,你就会发现,这个例子说明如果只存在不确定性,那么就不会引起产业地方化,因为产业地方化还需要收益递增这一条件。之所以如此,关键在于为了能使共享的劳动市场对大家都有好处,我需

第二讲 地方化

要假设每一家厂商在落户地点这个问题上做出非此即彼的选择，而不是厂商可以同时在两个地方落户。如果每一家厂商都可以同时在两个地方进行生产，或者如果每一家厂商都可以分割成两家完全一样的厂商，并且每一家厂商只在一个地方设厂，那么厂商和工人的完整"组合"（portfolio）就可以在每一个地方得以复制，这时，产业地方化的动因也就不复存在了。对于厂商不能在两个地方同时设厂这一假设，最自然的辩护就是，厂商必须达到足够的规模经济才能在一个地方进行生产。

因此，正是收益递增和不确定性的交互作用（interaction）使得马歇尔在论述产业地方化时所提出的劳动共享理论得以成立。但是，正如我所描述的那样，马歇尔只是论述了聚集化生产的好处，却没有描述这种聚集化生产可能的形成过程。那么，我们能够对这个形成过程加以描述吗？

现在来看图 2.1（它与上一讲中的一些图形有相似之处，而且这并非出于偶然）。设想有一个产业，在这个产业中，厂商的数量是固定的，而且技术工人的供给是有限的。每家厂商以及每个工人必须在两个地区中选择一个作为设厂或工作的地点，即厂商以及工人要么位于东部地区，要么位于西部地区。图 2.1 中的横轴表示西部地区的劳动力数量在劳动力总量中所占的份额，纵轴

49

表示西部地区的厂商数量在厂商总量中所占的份额。

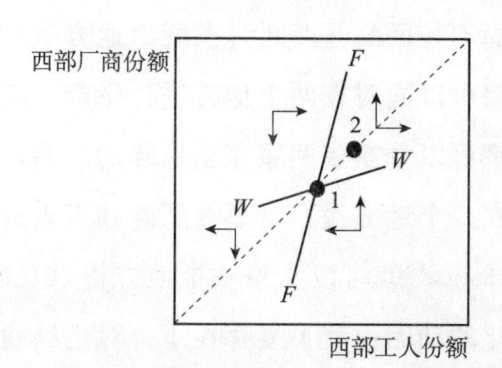

图 2.1

厂商和工人会更喜欢哪一个地区呢？图 2.1 中的线 FF 和线 WW 表示厂商和工人的分布，这些分布使得典型的厂商和工人各自在这两个地区的选择上没有差异。[1] 这两条线与 45 度线交汇于正方形盒图中央的点 1，这意味着如果所有的条件都相同，那么所有的结果也都相同。

如果劳动力的数量是给定的，那么厂商在雇用工人的时候当然希望其所面对的竞争更少一些为好。这样，当西部地区厂商的份额增加的时候，西部地区对典型厂商的吸引力就会下降，除非西部地区厂商份额的增加会被劳动力的增加所抵消。因此，如果考察由西部地区厂商的份额和西部地区劳动力的份额所构成的组合，我们

---

[1] 根据后文，这里所谓的"没有差异"隐含的条件是厂商面对的劳动供给强度没有差异，以及工人面对的劳动需求强度没有差异。——译者注

第二讲 地方化

就会发现，有一些特殊的组合能使厂商在这两个地区之间无差异，于是我们就把由这些特殊组合所构成的集合用线 FF 表示，这条线是向上倾斜的。

如果厂商的数量是给定的，那么工人当然希望与其同时分享厂商劳动需求的其他工人越少越好；因此，西部地区劳动力数量的增加将削弱西部地区对工人的吸引力，除非劳动力数量的增加被厂商数量的增加所抵消。因此，如果考察由西部地区厂商的份额和西部地区劳动力的份额所构成的组合，我们会发现，有一些特殊的组合能使工人在这两个地区之间无差异，于是，我们就把由这些特殊组合所构成的集合用线 WW 表示，这条线也是向上倾斜的。

如图 2.1 所示，线 FF 比线 WW 更加陡峭。为了弄清楚为什么是这样，让我们来考察一下点 2。在这一点，就厂商数量与工人数量的比率来说，西部地区和东部地区都是一样的；但就厂商和工人的绝对数量来说，西部地区则更多。这意味着西部地区会提供更好的劳动市场共享，因此，在点 2，厂商和工人会更喜欢西部地区，而不是更喜欢东部地区。这样，点 2 就会在线 FF 的下方（厂商更喜欢西部地区）并且在线 WW 的上方（工人也更喜欢西部地区），只要在点 1 处线 FF 比线 WW 更为陡峭[1]，那么结果就只能是这样[2]。

现在我们要问的是，如果脱离这两条具有相同吸引力的直线，那么将会发生什么样的情况呢？我们大致可以认为，厂商会搬迁到对其更有吸引力的地方，并且工人也是如此。由此导致的动态变迁过程如图2.1中的箭头所示。在图2.1中，存在着三个均衡状态，但正方形盒图中央的那个点所代表的均衡是刀锋上的均衡，也就是一种不稳定的均衡。因此，最终将要收敛到的均衡状态是，厂商和工人要么都聚集于东部地区，要么都聚集于西部地区，至于究竟是聚集于东部地区还是聚集于西部地区，则取决于初始条件。①

---

① 很显然，与上一讲中更加宏观的模型一样，在地方化模型中也存在自我应验的预言这一问题，也就是存在预期（相对于历史这一影响因素而言）这一问题。这个问题存在于正文的理论分析背景之中，对此，我认为大家都能予以理解，我所做的动态分析略去了预期这一问题。

[1] 一般来说，衡量不同曲线或相同曲线的不同部位是更加陡峭还是更加平坦取决于曲线上定点切线斜率的绝对值。绝对值越大，就可以说曲线在该定点越陡峭。——译者注

[2] 由于点2在正方形盒图的对角线上，并且位置高于点1，所以点2必然意味着厂商和工人更喜欢西部地区，这与线FF和线WW的陡峭程度无关。由于假设线FF代表厂商的无差异曲线，容易看出线FF右边的点都意味着厂商更愿意落户于西部地区（在工人份额给定的条件下，线FF右边的点意味着西部厂商份额更少），而线FF左边的点都意味着厂商更愿意落户于东部地区；同样，容易看出线WW左边的点都意味着工人更愿意在西部地区工作（在厂商份额给定的条件下，线WW左边的点意味着西部工人份额更少），而线WW右边的点都意味着工人更愿意在东部地区工作；无论哪条线更加陡峭，结果都是这样。如果线WW比线FF更为陡峭，那么由于点2正好处于线WW的右边和线FF的左边，这也就意味着厂商和工人都更喜欢东部地区，这与点2本身所应包含的劳动市场共享效应相悖，所以线FF应比线WW更为陡峭。——译者注

第二讲　地方化

以上是根据马歇尔劳动共享理论所建立的一个粗糙的模型。当然，它还有许多悬而未决的问题，下面就让我们设法解决几个这样的问题。

对劳动共享问题的另一些思考

上述故事最大的问题存在于对有关工资决定的叙述当中，而且这个问题即便是在马歇尔的论著中也没有得到解决。事实上，它包含了一个双重性问题。（或者是否还可以说它是一个可以被分解细化的问题？）第一，上述故事中所提出的论点在多大程度上依赖于工资刚性假定和未出清的劳动市场假定？第二，怎样看待剥削问题，也就是怎样看待公司城中占据买方垄断地位（monopsony position）[1]的厂商所拥有的优势？

举一个特殊的例子就可以说明即便工资具有弹性，拥有一个共享的劳动力资源仍然是有好处的。回到我们前面所讲的包含有两家厂商的那个例子，不过，现在假设每家厂商不是需要一个确定数量的工人，而是都面对一条向下倾斜的劳动需求曲线，同时，我们假设工资具有弹性，而且不考虑买方垄断的可能性。这样，如果厂商落户于不同的地点，那么就不会存在失业，也不会存在对劳动的过度需求，然而，当地的工资率会出现波动。

---

[1] 似应指厂商在劳动市场中作为劳动的买方所占据的垄断地位。——译者注

但是,如果这两家厂商能够组织起来一个共享的劳动市场,那么工资率的波动幅度就会小一些。厌恶风险的工人会喜欢这种就业环境,而且厂商也将会发现,在这种情况下,它们的利润会更高。为了将这个问题解释清楚,我们举一个极端的例子。在这个例子中,假设两家厂商的劳动需求是完全负相关的,这样,在劳动市场共享的情况下,工资率不会有丝毫的波动,平均工资率同样不会有波动①,但这对于厂商来说并非毫无影响。

现在我们考察一下图 2.2。该图显示了这两家厂商中的某一家厂商处于"美好时光"以及"艰难时刻"时的劳动需求。如果该厂商驻地偏远,并且总是雇用相同数量的劳动工人,那么当处于"美好时光"时,该厂商就要支付较高的工资;而当处于"艰难时刻"时,该厂商就会支付较低的工资。如果该厂商是共享市场的一个组成部分,那么它所支付的工资就是恒定的,这个恒定的工资是"美好时光"与"艰难时刻"这两种情形下高低不同的两种工资的平均数。但是现在,当处于"美好时光"时,这家厂商会雇用更多的工人;而当处于"艰难时刻"时,这家厂商会雇用更少的工人。结果是,这

---

① 事实上,为了使平均工资率不变,我们必须假设厂商的劳动需求计划是线性的,而且劳动需求冲击是可以累加的;但即便不考虑这些假设,基本的结论仍然是不变的。参见附录 C。

第二讲　地方化

家厂商处于"美好时光"时因支付较低工资而获取的收益，要大于其处于"艰难时刻"时因支付较高工资而遭受的损失。这个净收益可以用图 2.2 中所指示的两个三角形的面积之和来衡量。[1]

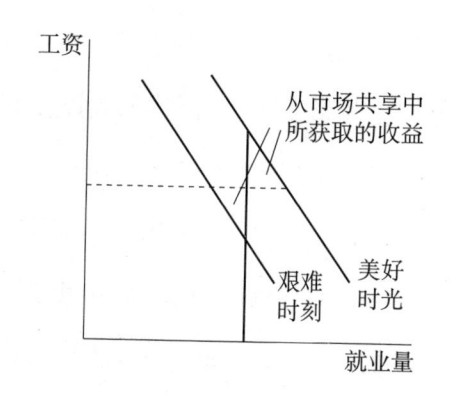

图 2.2

虽然这是一个极端的例子，但是这个例子说明了一个更加一般性的问题：即使劳动市场没有出清，厂商也能从劳动共享中获益。

那么，我们又该如何看待劳动市场上的买方所具有的垄断力量呢？难道厂商不喜欢拥有一批丧失人身自由、可以受其剥削的劳动力吗？如果其他条件都相同，那么厂商当然喜欢这种局面。但是，其他条件未必都相同。

---

[1] 即当处于"美好时光"时厂商因支付较低工资（与雇用既定数量工人时相比）而获取的生产者剩余的增量，减去当处于"艰难时刻"时厂商因支付较高工资（与雇用既定数量工人时相比）而遭受的生产者剩余的损失。这两个三角形的面积之和大于零，也就是厂商可以从劳动市场共享中获得净收益。——译者注

事实上，劳动市场上的买方垄断的确充当了产业地方化的另一个成因。①

为了把这个问题说清楚，现在我们不再考虑在组建共享的劳动市场时厂商和工人所具有的规避不确定性这一动机，同时，我们假设厂商已经明确其劳动需求计划。然而，厂商通常会偏离其劳动需求计划，因为它们想通过约束自己的劳动需求来压低劳动工资。对劳动需求的约束程度取决于厂商之间的竞争程度，而厂商之间的竞争程度大体上又取决于每个地区有多少厂商。② 因此，厂商数量和工人数量的同比例增加会使工人获益，而使厂商受损。这样，在图 2.3（与图 2.1 的构图方式相同）中，线 FF 和线 WW 都比 45 度线更为平坦。[1]

但是，在图 2.3 中，我把线 FF 画得比线 WW 更为陡峭。也就是说，如果西部地区的劳动力份额出现了增加，并且其效应可以被西部地区厂商份额的增加所抵消，

---

① 这个问题最先是由朱利奥·罗特伯格（Julio Rotemberg）和加思·萨洛纳（Garth Saloner）（1990）提出来的。他们的建模方式与我这里所采取的建模方式迥然不同，但从根本上来说，我所做的分析只是他们所做分析的一种变体。

② 很难将劳动市场中竞争的本质予以模型化。罗特伯格和萨洛纳假设劳动市场中的竞争是伯特兰竞争，这样，当厂商的数量从一个增加到两个时，工资也就从保留工资降低到竞争性水平。这样的分析看似有点极端，但正如附录 C 所指出的那样，很难再构想出一个同样简练的替代性分析。就本次讲座的目的来说，我只是简单地假设随着厂商数量的增加，剥削的程度会减轻。

[1] 中文版中的图 2.3 与英文原著中的图 2.3 盒形图的长宽比例相同。如果图中的对角连线（虚线）确定是 45 度线的话，那么该盒形图似应画成正方形。——译者注

第二讲 地方化

从而保持工人在东部地区和西部地区落户没有差异,那么西部地区劳动力份额的增加还是会使西部地区对厂商更具有吸引力。

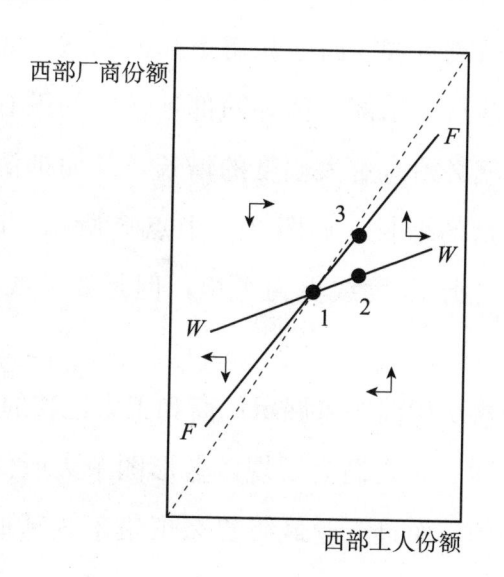

图2.3

为了弄清楚为什么会这样,我们来比较一下图2.3中的点1和点2。点1位于盒形图的中央,也就是说,在点1,典型厂商所提供的工资率以及典型厂商的利润在东部地区和西部地区都是相同的。在点2,西部地区虽然拥有更多的劳动力,但是由于同时拥有更多的厂商,所以工资率仍保持不变——这样,落户于东部地区还是西部地区,对工人来说是没有差异的。此时,虽然厂商支付相同的工资,但是厂商在西部地区会更加有利可图,因为厂商都在为压低劳动工资而对自己的劳动需求稍加约束。但是，由于厂商的数量并没有与工人的数量同比例增长，所以每家厂商都比以前雇用了更多的工人。既然工人获得的报酬少于其边际产品（marginal product），那么这也就意味着厂商会获得更高的利润。因此，为了使厂商在落户于东部地区和西部地区之间没有差异，厂商的数量就必须有更大幅度的增长，从而抵消西部地区劳动力数量的增长，如图2.3中点3所示。由此可知，线FF虽然比45度线更为平坦，但是要比线WW更为陡峭。

我们再次用箭头来展示厂商和工人迁移的动态过程。通过分析图2.3我们会发现，盒形图中央所代表的均衡是不稳定的，而且产业最终要么聚集于东部地区，要么聚集于西部地区。但是，由于在这个例子中我们假设不存在不确定性，所以产业聚集也就不会产生共享性收益（pooling gains），这样，产业聚集就完全是由劳动市场中的市场力量所推动的。直觉可能会使得我们认为厂商更加喜欢公司城，因为这种布局会使厂商在劳动市场上具有买方垄断力量，但是，这种直觉是完全错误的。

为什么会出现这样的结果呢？我们可以这样来考虑问题：在厂商和工人之间存在着一场拉锯战，厂商更加喜欢竞争强度较低的劳动市场，因此厂商也就更加喜欢在两个地区都设厂生产；而工人更加喜欢竞争强度较高

第二讲 地方化

的劳动市场，因此工人也就更加喜欢聚集在一个地区。工人会在这场拉锯战中获胜，因为竞争强度较高的劳动市场也会更有效率；只要这些厂商在生产区位的选择上不采取串谋，那么从更具效率的劳动市场中所获取的收益就会使天平压倒性地朝着产业聚集这一方倾斜。

我们还可以用另外一种更为深刻的方式来看待这个问题，也就是从可信度的角度来看待这个问题。为了能够将工人吸引到厂商所在的生产地区，厂商希望工人能够相信它们不会千方百计地去利用其买方垄断力量。① 而要做到这一点，最可信的做法是使厂商的生产地有足够多的厂商，从而使工人确信厂商之间存在竞争。一般认为，厂商希望能有一个公司城，从而厂商能在这个公司城中剥削工人，这种想法是正确的。但问题是，工人们只要有一线希望，就会逃离这样的公司城，结果厂商会发现，落户于商家云集的产业中心会更加有利可图，而这样的产业中心绝对不是公司城。②

---

① 在罗特伯格和萨洛纳的模型中，工人是不能迁移的，但是，这些不能迁移的工人必须选择是否针对特定产业进行人力资本投资。这个模型的基本原理和本讲中所述模型的基本原理是一致的。

② 当然，公司城还是会存在。就我的感觉来说，公司城能够存在似乎是出于以下两个原因之一。第一，特定的自然条件会使工厂选址分散化，为了利用水资源而建立起来的新西兰纺织城就是这样的例子。第二，行业的规模经济可能非常强大，以至于单个的一家厂商会支配该行业，而为了获取共享利益，该厂商会把它的众多工厂都聚集在同一个地方，比如位于罗切斯特市的伊斯曼—柯达公司或者位于西雅图市的波音公司（波音公司总部已于2001年搬迁到芝加哥市。——译者注）。

因此，结果证明，马歇尔在他有关劳动市场的故事中所遗留的悬而未决的问题并没有使他讲述的故事显得荒诞不经。把工资率可能会具有弹性纳入考察范围，虽然使得这个有关劳动共享的故事不再那么简明扼要，但是并没有否定这个故事；而把厂商可能会千方百计地利用其买方垄断力量纳入考察范围，事实上使得这个故事更具有现实意义。

中间投入品

马歇尔对产业聚集给出的第二个理由是可以获得专用的投入品和服务。这个理由看起来顺理成章。一个已经实现了地方化的产业可以为当地更多的专业化供应商提供支持，而这些供应商反过来不仅会使得该产业更有效率，还会使得产业的地方化进一步加强。

然而，这里可能还有两点需要进行澄清。第一，有关中间投入品的故事，与有关劳动共享的故事一样，至少在一定程度上是要依赖于规模经济的。如果在中间投入品的生产中规模经济并没有起作用的话，那么规模较小的制造中心就将成为大型制造中心的一个缩影，并且在效率上可以与大型制造中心相媲美。事实上，正是由于存在收益递增，才使得大型制造中心比小型制造中心拥有更多并且效率更高的供应商。

第二，有关中间投入品的故事并不依赖于中间产品

第二讲 地方化

运输成本和最终产品运输成本之间的某种非对称性。韦伯式（Weber-type）的有关运输成本最小化的故事可能隐含了这样一种认识，即只有当运输中间投入品比运输最终产品更加昂贵的时候，地方性产业集群（industrial complexes）才会出现。这种认识可能会因某些贸易模型而得以强化，而且不幸的是，这样的贸易模型也存在于埃尔赫南·赫尔普曼（Elhanan Helpman）和我本人（1985）合作的一篇论文当中。在我们建立的这个国际贸易模型中，我们比较了两种不同的情形：第一种情形假设中间产品为可贸易品，而最终产品为不可贸易品，这种情形实际上会导致世界水平上的（而不是单一国家水平上的）外部经济；第二种情形的假设与第一种情形相反，即假设中间产品为不可贸易品，而最终产品为可贸易品，这种情形会促进产业集群在一些国家形成。之所以强调这两种极端情形，其原因是为了建模方便：将一种要么完全可贸易、要么完全不可贸易的商品模型化，要比将一种只有根据某种成本才能决定其可贸易与否的商品模型化更加容易。然而，不幸的是，我们的这种建模方法可能会使人形成这样一种认识，即只有在中间产品的运输成本非常高这种特殊情形下，由供应商聚集所导致的产业地方化才有可能出现。

当然，这种认识是错误的。事实上，产业地方化总是会发生的，除非运输中间产品的成本比运输最终产品的成本低很多。而且，中间产品和最终产品运输成本的普遍下降通常会促成产业地方化，而不是阻碍产业地方化。

为了弄清楚为什么会这样，我们来考察一个复杂一点的模型。在这个模型中，我们假设中间产品和最终产品是相同的，也就是说我们可以设想有这样一组产品，该组产品中的每一种产品既是人们需要的最终产品，也是在生产该组中其他产品时所需要的投入品。具体来说，我们假设在这样一组产品中的某种典型产品的总销量是10个单位，而这个总销量中的4个单位是卖给了该组中其他产品的生产商。这样一来，我们就必须假设为了生产这10个单位的产品，需要4个单位的中间投入品，而这4个单位的中间投入品又是来源于相同的产业。请注意，通过假设每个产品既是最终产品又是中间产品，我就有充足的理由认为，中间产品和最终产品具有同等的可贸易性。

现在，假设有两个可能的生产地区，每个生产地区都分摊一半的最终需求，也就是说，每一种产品的销量中有3个单位是在同一个地区完成的。那么，在这种情形下，任意一家厂商将会希望落户于何处呢？很显然，答案取决于其他厂商的决策。如果所有其他厂商都落户

第二讲 地方化

于东部地区，那么在 10 个单位的产品总需求中就会有 7 个单位产生于东部地区（3 个单位的最终产品需求加上 4 个单位的中间产品需求），这将激励该厂商将自己的生产也安排在东部地区。这样一来，厂商提供的中间产品的所有供给就都来自于东部地区，东部地区的中间产品会因此更为廉价，这一事实将进一步激励厂商将其生产安排在东部地区。因此，后向关联和前向关联的同时存在会促进生产的集中化。当然，在这种情形中也会存在某种激励因素促使厂商将其生产搬迁到靠近最终需求所在的地方，而这种激励因素会推动生产背离集中化。

上述内容听起来应该是有些耳熟的：它与我在第一讲中所概述的并且在附录 A 中正式推导的中心—外围模型十分相似。实际上，我们可以构建一个有关中间产品和产业地方化的模型，而且这个模型在形式上与中心—外围模型十分相似。这样做之所以有用，是因为我们已经知道了有关中心—外围模型的一些知识。尤其是，我们已经知道一个中心—外围格局的发展前景与运输成本负相关，与"不受地域限制的"需求所占的份额正相关，并且与规模经济的重要程度正相关。如果对这些变量做出恰当的重新解释，那么这些逻辑关系在这里也应该是成立的。尤其是"制造业的份额"这个变量在中心—外围模型中所起到的作用在这里被"行业产出份额"这个

52

63

变量所替代，而且"行业产出份额"在这里又是针对中间产品而不是直接针对最终需求而言的。给定这些条件以后我们会发现，即使中间产品的运输成本随着最终产品运输成本的下降而下降，较低的运输成本还是会增加产业地方化的可能性。

还有一件有趣的事情需要指出，我在上一讲中已经说过，一些历史性因素——日渐下降的运输成本、工业化以及日益显著的规模经济——造成了19世纪宏观层面上产业在地理上的聚集，而这些历史性因素也应该导致了制造业带内部日益增进的产业地方化。唯一不同的是，在上一讲中，我们考察的是制造品本身需求份额的增加；而在这一讲中，我们考察的是制造品在作为其他制造品的中间投入品的情况下需求份额的增加。随着美国经济的"产业生态"（industrial ecology）变得更加多样和复杂，制造品被当作其他制造品的中间投入品并且这种需求日益增加已理所当然地成为事实。因此，产业地方化，也就是某些特定城市或者地区具有鲜明的产业特性，能够在20世纪末成为美国经济的一个显著特征也就不足为奇了。

技术溢出

我在这里所要指出的导致产业地方化的最后一个成因，是由相邻厂商之间的知识溢出（knowledge spillo-

第二讲 地方化

vers）所导致的近乎纯粹的外部性，这一点可能会被许多经济学家放在首要的位置。在当前许多的政策讨论中，高科技都颇受重视，而像加利福尼亚州的硅谷以及波士顿128号公路[1]这样的产业集群也备受赞誉，所有这些都使得技术的外部性成为最受关注的问题。此外，那些具有传统知识背景的经济学家仍然渴望在他们的模型中保留完全竞争假设，而纯粹的技术的外部性又确实能使这些经济学家如愿以偿。

我把纯粹的技术性外部经济放在最后，而不是放在最前面，是出于以下几个方面的原因。第一，我们所体验到的一个事实是，美国现在或者过去的许多高度地方化的产业根本就不是高科技产业。硅谷的确有名，但是，可与之媲美的产业聚集还有形成于佐治亚州多尔顿市附近的地毯制造业、罗得岛州普罗维登斯市附近的珠宝制造业、纽约市的金融服务业以及历史上著名的一些产业，比如马萨诸塞州的制鞋业或者俄亥俄州阿克伦城的橡胶业。显然，在促成产业地方化的力量中，除了与高科技相关的力量之外，一些其他力量也相当强大。

第二，我认为，作为一个原则性问题，我们首先应

---

[1] 波士顿128号公路是美国波士顿郊外的一条长约108公里的高速公路。该公路沿线两侧聚集的大量高科技企业使得该区域成为世界著名的电子工业中心。——译者注

该努力研究易于被模型化的那一类外部经济,而不是研究只有依靠假设才能被模型化的那一类外部经济。从原则上来讲,一个人只要了解某个产业的技术知识,那么他就能对这个产业的劳动共享或者中间产品供给进行直接考察和预测。而从另一方面来看,像劳动共享或者中间产品供给这样的力量都非常具体,而且这种具体性也为我们在分析问题时所能做出的假设施加了限制。但是相比而言,知识的流动是无形的,知识在其流动过程中没有留下可供人们测度和跟踪的任何书面记录,这样一来,也就没有什么能够阻止理论工作者对知识的流动做出任何随心所欲的假设。社会学家在研究问题的时候可能会借助于统计调查方法;但在求助于其他社会学科之前,我希望尽可能采用简练、务实的经济学分析方法来研究问题。

第三,谈论高科技是当下很时髦的事情,但同时我想,我们也都不得不有意识地与时髦的思想作斗争。人们太容易陷入一种"随大流"式的思考方式了,在这种思考方式下,新思想中惊世骇俗的一面会被广泛引用,而且人们会随意地假设认为现在的一切都与过去有所不同。诚然,这个世界已经发生了变化,但是早在大规模集成电路出现之前,世界的变化就已经相当引人瞩目了,而且就连现在的高科技产业也要对曾经盛极一时的经济

第二讲 地方化

力量做出反应。

因此,虽然我确信技术溢出在某些产业的地方化过程中确实发挥了重要作用,但人们不应该据此认为技术溢出是产业地方化的主要原因——即便是在高科技产业自身的地方化过程中也是如此。

一些经验证据

我已经就美国的产业地方化所达到的程度间接地提供了一些事实证据。但我们实际上又有哪些类型的事实证据呢?有一类证据是由众多的案例研究构成的,这类证据虽然有失严谨,但我认为它们非常重要。在考虑我们应该使用哪一类模型时,最好是能搜集到有关特定产业如何落户于特定地区的案例,尤其是那些具有一定历史深度的案例,而且这类案例故事通常都妙趣横生。不过,在讲故事之前,我想先讨论一下我已经做过的一些非常初步的统计工作。

这些统计工作的目的是要回答两个问题。第一,美国"代表性"产业的地方化达到了何种程度?对于我们熟知的一些例子,比如底特律的汽车产业集群或者硅谷的高科技产业集群,它们是普遍现象还是特殊现象?

第二,哪些类型的产业是高度地方化的?那些已经实现地方化的产业是典型的高科技产业(如果是,那么这将有助于建立一个技术溢出模型),还是更为普通的产业?它们是使用高科技工人的产业,还是使用普通工人的产业?

在解决这些问题的时候,我尝试使用的方法是尽可能多地计算美国制造业的"区位基尼系数"(locational Gini coefficients)。一个产业的区位基尼曲线的构造方法如下。首先,我们计算样本地区中每一个地区的制造业就业量在全国制造业就业总量中的份额,以及该地区某产业的就业量在全国该产业就业总量中的份额。然后,按照这两个数值之比的大小对样本区域进行排序。最后,我们按照这个排序,分别布列制造业的区域就业份额的累计和以及该产业的区域就业份额的累计和。

举例来说,假设有三个地区,地区1在全部制造业就业量中占20%,并且该地区某种典型制品产业(widget industry)的就业量在该产业的全部就业量中占50%;地区2在全部的制造业就业量中占40%,并且该地区某种典型制品产业的就业量在该产业全部就业量中占40%;地区3在全部的制造业就业量中占剩余的40%,并且该地区某种典型制品产业的就业量在该产业全部就业量中占剩余的10%。这样,由此形成的曲线就如图2.4所示。显然,典型制品产业的地理分布与整个制造业的地理分布越匹配,那么这条曲线与45度线就越接近。因此,由这条线与45度线所围成的面积就成为衡

第二讲 地方化

量地方化程度的一个显著标志。这样,如果一个产业根本就没有实现地方化,也就是该产业按全部制造业的就业比例散布于全国各地,那么该产业的地方化指数(index)[1]就是0;而如果一个产业几乎全部聚集在一个地区,并且这个地区的全部就业量又非常小,那么该产业的地方化指数就会接近于0.5。

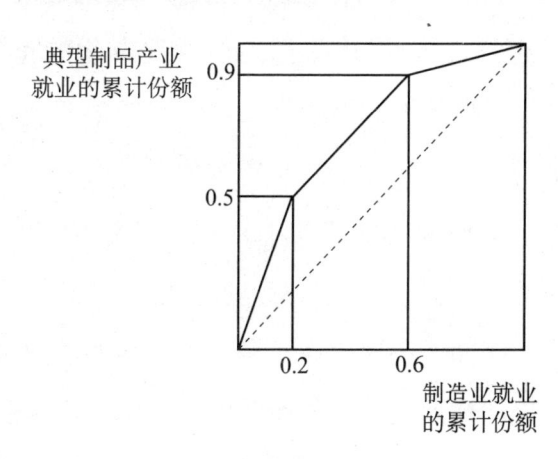

图 2.4

在计算这些指数的时候,我(或者更准确地说是我的科研助理)采用的是按州统计的美国三位数分类产业数据。计算这些指数只是工作的第一步,虽然这一步工作极富启发意义,但其中仍有若干问题会使计算结果含混不清。

首先,数据中存在一些重要的遗漏。美国人口普查

---

[1] 应该就是前文所说的区位基尼系数。——译者注

局（U. S. Bureau of the Census）没有披露可能会违背保密承诺的信息，而且可能会令有些人感到意外的是，这些没有被披露的信息甚至会对涉及一些较大的州和一些大型产业的数据构成影响。比如，华盛顿州飞机制造业的数据就没有被披露（目的是防止波音公司的信息过度外泄），纽约州摄影器材制造业的数据也没有被披露（目的是保护柯达公司）。而这些都是产业地方化的重要实例，实际上也是经典实例。但不幸的是，这些都必须从统计分析中完全剔除掉。

其次，对产业的定义也有问题。三位数产业分类并非毫无用处，但这与理想的产业分类还相去甚远。一些传统产业，比如人造珠宝业，尽管其吸纳的就业量非常有限，但是仍然被列入三位数产业分类当中；而像硅谷和波士顿128号公路这样的产业集群却被淹没于"电子元器件"这一大类产业当中。为了能够得到更有意义的指标对比结果，理想的处理方法是，我们将现有的三位数产业分类予以拆解，然后重新分类归并，但是我没有这样做。

最后，州并不是真正恰当的地理单位。原因在于，其一，各州的人口数量极不均等，这会使产业之间的对比结果存在偏差：对于完全聚集在加利福尼亚州某个小镇周围的某个产业来说，对其所计算出来的区位基尼系数，要低于对罗得岛州具有同等聚集程度的产业所计算

第二讲 地方化

出来的区位基尼系数。[1] 其二，经济地域实际上并不受州域边界的限制。在产业分类数据中具有突出地位的纺织产业占据了美国东南部的皮德蒙特地区[2]，就这种情形来说，以州为地理单位进行对比就不能真正地揭示出这个产业在区域分布上的紧凑性（无论在非专业意义上，还是在数理意义上都是如此）。

尽管存在上述局限，而且所做的也只是初步性的计算，但我们还是可以从计算结果中了解到许多信息。附录D不仅报告了106个三位数分类产业的区位基尼系数的计算结果，而且列出了每个产业的总就业量以及在该产业就业最多的前三个州的就业量。[3]

从附录D所示的结果中我们得到的第一印象是：许多产业确实在地理上具有高度的聚集性。汽车产业为我们提供了一个有用的基点。众所周知，汽车产业是一个已经实现了地方化的产业。尽管在汽车城的鼎盛时期过

---

[1] 加利福尼亚州地处美国西海岸中南部，罗得岛州地处美国东海岸北部，就土地面积而言，前者约为后者的100倍。根据美国统计年鉴发布的数据，1990年（也就是本书英文版正式出版的前一年），加利福尼亚州总人口数约为2 981.1万，人口密度约为191.1人/平方英里；罗得岛州总人口数约为100.3万，人口密度约为960.3人/平方英里。——译者注

[2] 皮德蒙特地区是根据地理状况区分出来的一个狭长的高原地带。这个地带从美国东海岸中北部的新泽西州斜向西南，经宾夕法尼亚州、马里兰州、弗吉尼亚州、北卡罗来纳州、南卡罗来纳州和佐治亚州，最后一直延伸到美国南部的亚拉巴马州中部。——译者注

[3] 英文版附录D实际上并没有列明就业量的具体信息。本中译本已保留了原著附录D中的所有内容。——译者注

去以后，汽车产业在地理分布上有所分散，但是该产业仍有一半的就业量集中在密歇根州南部这个传统的汽车产业区，以及与其相邻的印第安纳州和俄亥俄州的部分地区。因此，我们可能会认为汽车产业是一个地方化程度非常突出的产业。然而，事实并非如此，汽车产业的区位基尼系数只比各产业区位基尼系数的中间值略高一点。这并不是因为汽车生产不是高度地方化的（事实上，它的确是一个高度地方化的产业），而是因为许多其他产业也都是高度地方化的。

附录 D 中所列数据的另一个显著特征是，根据前述粗略计算所得到的结果，大多数具有高度聚集性的产业都不是前沿高科技产业。事实上，在该数据列表中最引人注目的不是高科技产业的地方化，而是与纺织有关的那些产业所呈现的聚集性，这些产业大多落户于相同的地方，即南、北卡罗来纳州以及佐治亚州的皮德蒙特地区。根据我对区位基尼系数所做的排序，在地方化程度最高的前 20 个产业中，有一半的产业都是落户于皮德蒙特地区的纺织产业。（正如我们稍后将会看到的那样，在皮德蒙特地区的那些与纺织有关的产业中，有一些特定的产业已经实现了相当程度的地方化，不过，我们暂时还是先把这个问题放一放。）

附录 D 中这份数据表的构建方式可能也存在一些问

第二讲 地方化

题，即该数据表不能清楚地显示出高科技产业的地方化程度。一方面，因为有些数据未能披露，所以在地理上已经实现了地方化的两个著名的高科技产业不得不被排除在这份数据表之外。这两个高科技产业分别是飞机制造业（该产业受波音公司位于西雅图市大型制造厂的支配）和摄影器材制造业（该产业由柯达公司位于罗切斯特市大型制造厂支配），这当然是在所有权和地理分布方面都具有聚集性的两个产业。

另一方面，也是更重要的，现在的三位数产业分类方案已经显得非常过时，这个事实意味着规模相当微小的一些传统产业仍然位居三位数产业分类代码之列，而一些先进的产业则被淹没于毫无意义的产业分类汇总之中。硅谷和波士顿128号公路切实存在，但你在统计资料中就是找不到它们的踪迹。

所以说，我不希望读者会因为附录D中的这份数据表而误解我的观点。作为一种证据，这份数据表并没有说明一些高科技产业不是已经实现了地方化的产业。它所说明的仅仅是一些低技术产业也是已经实现了地方化的产业。无论是什么力量在驱使各类产业聚集在同一个地方，这个力量都不是只有技术溢出这一种。

对于这一讲中有关统计方面的问题，我想就到此为止；我将在下一讲中讨论美国的一些区域性数据。现在，我们还是进入有趣的环节，在这里我要讲几个故事。

案例研究：历史上的一些实例

我发现在皮德蒙特地区的纺织产业中，在地理上具有高度聚集性的产业就是地毯制造业。我的一个科研助理对地毯制造业做了一些跟踪性研究，而且发现了有关历史上的偶然性事件和累积性过程在引发产业地方化的过程中发挥作用的一个经典案例。下面，就让我们再回到凯瑟琳·埃文斯和她的床单的故事。

正如我在这一讲一开始所提到的那样，在1895年，那个十几岁的埃文斯小姐做了一条床单当作礼物。收到这件礼物的人们和这些人的邻居们十分喜欢这件礼物。于是，在接下来的几年里，埃文斯小姐做了许多植毛物品，并且在1900年发现了将簇毛植入背衬的技巧。然后，她开始销售床单，并和她的朋友们、邻居们创办了当地的手工业，进而开始将手工艺品销售到很远的地方。

20世纪20年代，随着植毛工艺被用来满足人们对绳绒毛衣（chenille sweaters）日益增长的需求，手工业演变成了半机械化工业，但此时的商品生产仍然是以一家一户的作业方式来完成的。

然而，在第二次世界大战之后不久，一种用于生产植毛地毯的机器被研制出来。在那个时候，用机器制造的地毯历来采用的是编织工艺，但采用植毛工艺制造的

第二讲　地方化

地毯实际上要便宜得多。猜一猜在哪里能够找到懂得植毛工艺的人，又在哪里能够找到可以迅速洞悉植毛工艺发展潜力的人呢？20世纪40年代末至20世纪50年代初，许多小型的地毯制造商在多尔顿及其周边地区发展起来，与此同时，那些供给背衬、染料等原材料的辅助性厂商也蜂拥而至。原先的那些地毯制造商最初还坚守编织工艺，但他们最终要么是因为遭到多尔顿的后起之秀们的排挤而破产，要么是将他们自己的业务从东北地区这个传统的经营地搬迁至多尔顿。于是，佐治亚的这个小城崛起成为美国的地毯之都。

这是一个非常有趣的故事，也是一个非常典型的故事。美国工业化的整个过程都充满了与之类似的故事：一些细小的偶然性事件使得一两个长盛不衰的制造业中心确立下来。任何把硅谷断定为一种现代创新的人，都应该看一看《产业的地方化》（The Localization of Industries）这篇相当精彩的文章，它被收录于1900年的美国人口普查报告之中。这篇文章将1900年的15个产业确定为高度本地化的产业，它们包括：纽约州特洛伊市的衣领和袖口制造业、纽约州格拉弗斯维尔和约翰斯敦这两个临近城镇的皮革手套制造业、新泽西州帕特森市的丝织品制造业、罗得岛州普罗维登斯市的珠宝制造业以及芝加哥市的农机制造业等。

如果不考虑故事是否吸引人，那么上述这些案例背后的故事都与凯瑟琳·埃文斯的故事相似。一个偶然性的事件导致某个产业在一个特定的地方确立下来，自此以后，累积性过程便开始发挥作用。马萨诸塞州的制鞋业之所以能够建立起来，要归功于一位威尔士的修鞋匠约翰·亚当斯·达格尔（John Adams Dagyr），他在 1750 年开了一家鞋店；在普罗维登斯市的一个当地人发明了镀金技术以后，普罗维登斯市的珠宝制造业便取得了优势地位（这种初期的优势地位使得普罗维登斯市现在仍然在高度地方化的产业榜单中占据一席之地！）；特洛伊市作为可拆卸的衣领和袖口的制造中心（哎，这种东西也能成为流行款式！）是由 19 世纪 20 年代卫理公会[1]的一位牧师开创的。

对于经济学家来说，重要的当然不是最初的偶然性事件，而是累积性过程的本质，因为正是这个累积性过程使得那些偶然性事件具有如此巨大并且历时久远的影响。历史向我们展现了两件事情。第一，这种累积性过程无处不在。无论从时间上来讲，还是从空间上来看，硅谷绝非独一无二，它只不过是传统现象的一个光彩夺目的翻版而已。第二，马歇尔就产业地方化所提出的前

---

[1] 卫理公会（Methodist），基督教的一个流派。——译者注

第二讲 地方化

两个成因——劳动共享和专用中间投入品的供给——即便是在纯粹的技术外部性看起来可能并不太重要的时候也仍然在发挥着巨大的作用。

产业地方化形成的基础随着时间的流逝发生转换了吗？在第十二次人口普查中所形成的这篇专题文章[1]的作者认为会发生转换。他们指出，许多高度地方化的产业都是那些对掌握技术的手工劳动有着高度依赖性的产业，但同时他们推测，这种依赖的顽固性往往会被侵蚀掉，因为"机器的使用已经倾向于降低专业技术劳动供给的重要性。随着一个产业转向自动化，它的地方化也就变得独立于专业劳动供给"。

从某种程度上来说，他们是对的。首先，毫无疑问，对于每一个制造产业来说，随着它日渐成熟，它对于共享的劳动市场、专用投入品以及信息溢出（information spillovers）这些支撑产业地方化因素的依赖往往会减少。举例来说，让我们考察一下美国的轮胎产业。在1930年以前，聚集在美国阿克伦城的轮胎产业可谓盛极一时，导致这一盛况的起因是阿克伦城商业协会发布的金融刺激计划（实际上是一种产业政策！）把一个名叫本

---

[1] 即指1900年的人口普查和《产业的地方化》这篇文章。——译者注

地理与贸易

杰明·富兰克林·古德里奇[1]（Benjamin Franklin Goodrich）的人吸引到这里。随着底特律市的日益繁荣，地处阿克伦城[2]的橡胶中心所拥有的厂商总共超过100家。这些厂商所支付的工资位居美国最高一档工资之列，因此它们吸引了全国各地的打工者（其中就包括我的祖父）来到阿克伦城。然而，时光并不钟情于阿克伦城。随着橡胶生产过程变得日益标准化，橡胶生产不仅可以分散到全国各地，而且可以搬迁到距离市场较近的地方。而随着汽车产业开始在美国各地建立组装工厂，橡胶市场本身也就随着时间的推移逐渐扩散开来。

后来的结果证明，阿克伦城橡胶产业的末日来得相当突然。"大萧条"（The Depression[3]）给阿克伦城的经济带来了灾难性的打击，大量重要的橡胶制造商显然也遭到了毁灭；当这个国家从"大萧条"的困境中摆脱出来的时候，阿克伦城作为橡胶业中心的地位已经一去不复返了。如今，没有哪一家大型的轮胎制造商落户于

---

〔1〕本杰明·富兰克林·古德里奇（1841—1888），美国纽约州人。古德里奇于1869年在纽约州涉足橡胶制造业，但因当地产业竞争激烈而遭受商业失败。在得到阿克伦城当地居民提供的一笔融资以后，古德里奇于1871年在阿克伦城开办了第一家橡胶制造厂，生产灭火水龙带。1888年，一个爱尔兰人发明了橡胶充气轮胎，由古德里奇创办的这家公司很快就将这一发明应用于生产汽车轮胎并获得商业成功。可以说，正是古德里奇和他的公司帮助阿克伦城成为当时的"世界橡胶之都"。——译者注

〔2〕密歇根州的底特律市与俄亥俄州的阿克伦城两地陆上距离约300公里。——译者注

〔3〕似应指1929—1933年的资本主义经济大危机。——译者注

第二讲　地方化

那个昔日的世界轮胎之都。

然而，虽然上述有关阿克伦城的故事说明了某个产业的地方化往往会逐渐消逝，但总会有一些新的产业在局部地区应运而生。底特律市衰落了，但硅谷兴盛起来。的确，肯定存在某种产品生命周期，在这个周期中，新兴的产业最初是在局部工业区茁壮成长，而随着这些产业日渐成熟，它们就会扩散到全国各地。

高技术产业集群

对于上一代人来说，他们所熟知的有关产业地方化的例子已经逐渐远去。现在，人们很少再听到汽车城、钢铁城或者服装批发中心（尽管它们仍然存在，但规模却要小一些），取而代之的全部是高科技产业聚集区：硅谷、波士顿128号公路、研究三角园区[1]。这些新的产业集群与过去的产业地方化相比有何特点呢？

首先，有关这些产业创立的故事总的来说并不那么浪漫。一般而言，高科技产业集群很少是勇敢者们的作品，它们更多的是那些高瞻远瞩的官僚的大作（如果这里的修辞手法并不自相矛盾的话）。不过，除此以外，故事看上去就相当雷同了。

---

[1] 通常指由北卡罗来纳州罗利市、达勒姆市和查珀尔希尔围成的一个三角形地带。这里聚集了众多著名高校和全球财富100强企业，是美国著名的研究与开发中心之一。——译者注

地理与贸易

硅谷的创立在很大程度上起因于弗雷德·特曼（Fred Terman）这位斯坦福大学副校长的倡议。根据他的倡议，斯坦福大学为惠普公司（Hewlett-Packard）[1]提供了初始股本金，而惠普公司后来也成为硅谷的核心企业。斯坦福大学还在校园内创建了著名的研究园区，在那里，最初是惠普公司，后来是许多其他公司，开始企业经营。我们可以观察到的是，一个显著的累积性过程在通过斯坦福大学本身发挥作用：从研究园区获取的收入为斯坦福大学在科学与工程方面达到世界一流水平提供了资金，而斯坦福大学地位的上升又帮助硅谷成为对高科技企业有吸引力的地方。

波士顿128号公路是以更加松散的方式由麻省理工学院的校长卡尔·康普顿（Karl Compton）倡导建立的。这位校长不仅鼓励麻省理工学院的教员们成为企业家，还帮助他们筹集私人风险资本。

最后，北卡罗来纳州的研究三角园区是根据该州研究园区扶持计划创建的，这个研究三角园区直接模仿的对象就是硅谷和波士顿128号公路。

在有关高科技产业的故事中最重要的或许是非高科

---

[1] 惠普公司由比尔·休利特（Bill Hewlett）和戴夫·帕卡德（Dave Packard）于1939年创建，这两位创建者都毕业于斯坦福大学。——译者注

技因素在产业聚集过程中的重要性。硅谷和波士顿128号公路周边地带的一个关键优势是,在这两个地方都存在着一群掌握某种技术的人。比如,软件行业的成长型公司可以非常确信,它们能在波士顿找到在各种相当精细的分支领域具备专业知识的人。同时,对于那些想为获取这些专业技术而投资的人来说,或者对于那些掌握这些技术并且希望借此谋生的人来说,波士顿地区都算是一块福地:如果一家刚刚成立不久的公司破产了,和许多人一样,你无须迁往他处便可另找一份工作。这正是一个有关劳动共享的故事,这个故事所涉及的技术是高端科技,而不是制鞋或者植毛这类技术,但这一点或许只是次要问题。

下面还有一则趣事:当我加入麻省理工学院的生产力委员会(productivity commission)的时候〔这个委员会后来创作了一本畅销书《美国制造》(*Made in America*)〕,我变得非常不受委员会里的工程师们欢迎,因为我认为一些看似与高科技毫无瓜葛的产业,从经济学的角度来说,都与高科技产业没有什么区别。比如,我们考察一下米兰市的时装产业:这是一个由众多厂商形成的产业集群,这些厂商依赖于高度专业化的劳动力(设计师、模特、缝纫工人等)、专业化的供应商(面料供应商、染料供应商、化妆品供应商等),同时也依赖于较早地获得信息的能力（什么流行，什么过时）。我认为，米兰的时装产业和波士顿128号公路在经济学上是类似的东西，但那些工程师们却因此觉得我愚蠢轻佻。

服务

在20世纪末，美国的大部分劳动力都在生产服务商品，而不是货物商品。许多服务都是不可贸易品，而且许多服务生产的分布不过是依从了从事货物商品生产的人口的分布——快餐店、托儿所、离婚案件律师，这些行业的区位基尼系数肯定非常接近于零。然而，还有一些服务，尤其是金融部门的一些服务，是可贸易的：哈特福德市是保险中心，芝加哥市是期货贸易中心，洛杉矶市是娱乐之都，如此等等。

当今世界，有关产业地方化的最精彩的例子实际上是来自于服务业而不是制造业。东京和伦敦本质上并不属于制造商；就连硅谷和波士顿128号公路，与其说它们是实实在在的物质生产所在地，倒不如说它们实际上更像是为制造业提供服务的核心区。可以说，技术正在朝着能够促使更多的服务产业实现地方化的方向发展。在过去的八十年里，商品运输没有变得更为廉价：划时代的创新是铁路和蒸汽轮船，但自此以后，每一次的创新所代表的都只是微小的进步。不过，随着电信、计算机和光纤等工具的应用，信息的传输能力已经有了惊人

第二讲　地方化

的提高。

　　有一些趋势是显而易见的。我的一个学生一直都在关注与英格兰东南部地区财富日益集中有关的数据资料，他发现，正是服务业在向那个地区聚集，而制造业实际上正在从该地区向外扩散。

　　然而，重要的一点是，有关产业地方化的逻辑仍然是相似的。凯瑟琳·埃文斯（也就是，一些微小的偶然性事件）开启了一个累积性过程，在这个累积性过程当中，大量的厂商和工人出现在某个地区，会刺激更多的厂商和工人聚集在这个特定的地区。从某种非常宽泛的层面来说，最终形成的产业格局或许是由潜在的资源和技术决定的，但从根本上来讲，历史和偶然性事件对产业格局的最终形成有着巨大的作用。

第三讲　地区与国家

69　　本次讲座的开设地点[1]距离欧洲委员会（European Commission）总部所在地布鲁塞尔只有几公里之遥。请允许我冒点傻气，我认为欧洲委员会正在做的事情和我正在思考的事情其实是一回事：淘汰国际经济学（在欧洲内部），代之以经济地理学。如果欧洲在1992年完成了预定计划[2]，那么欧共体最终将会建立起来一个和美国一样完整统一的经济区。

　　建立统一的经济区会产生什么影响呢？这会是一件

---

[1]　讲座的开设地点鲁汶大学位于比利时中部城市鲁汶，该市位于比利时首都布鲁塞尔以东20多公里处。——译者注

[2]　即在欧共体内部建立统一大市场的计划。在后文，作者又将"1992"用作专有名词来指代这个计划，为避免歧义，我们将英文原著中的"1992"译作"1992计划"。——译者注

第三讲 地区与国家

好事吗？更笼统地说，这个联合体与前述有关经济地理学故事的切入点在哪里呢？在第一讲中，当我讲述有关区域间贸易故事的时候，我没有考虑国家，这样做非常有用；但是现在，我不得不将国家再次放回到我所要讲述的故事当中。

在我接下来讲述故事的时候，我希望把在前两次讲座中形成的讲述顺序颠倒一下。在前两次讲座中，因为我有一个比较清晰的模型，所以我是从地区经济发展、中心与外围这种一般层面上的经济地理学问题出发，然后才转向产业地方化这个更加具体的问题。但是在这一讲，我想先从更加具体的问题开始，然后进入一般层面上的问题。

然而，在此之前，我们需要花一点时间来思考国家是什么，以及我们应该如何看待政治边界在经济地理学中的作用。

国家是什么？

请允许我先从强调国家不是什么开始。国家不是一个地区，也不是一个单独的区位。也就是说，当我们谈论外部经济的时候（我已经证明，外部经济推动了产业地方化的形成和中心—外围格局的出现），我们不能认为外部经济所能发挥作用的地理范围是由政治边界确定的。

比如，假设我对地方化经济问题的研究已经尽了力。

我已经证明，地方化经济源于劳动市场共享、中间产品供给以及知识溢出，这是一种标准的马歇尔"三位一体"论。所有这三个导致地方化经济的因素，可能会经常地出现在某个单一的城市或者某个较小的城市群当中，这样的城市或者城市群其实就是一个很小的地区：它小到足以使人们不用搬家就可以在当地另谋工作；小到足以使那些难以运输的货物和服务能够被送达消费者面前；小到足以使个人之间的日常交往没有障碍。我们没有理由认为温哥华市和蒙特利尔市[1]这两个地方会以联合地方化经济的形式产生很多地方化产业；同时，我当然也没有理由认为这两个城市之间的知识溢出会比温哥华市和西雅图市之间的知识溢出更加重要。

另一方面，假设我对中心—外围模型所展现出来的产业大聚合这一趋势已经尽力做了研究。我已经证明，这里所讲的外部性在本质上源于存在运输成本条件下的市场规模效应，也就是说，外部性产生于前向关联和后向关联，因为前向关联和后向关联使得生产商愿意聚集在临近大型市场的地方，因此，外部性从本质上也就会

---

[1] 温哥华市位于加拿大的西南部，是加拿大第三大城市，与地处美国西北部的华盛顿州临近。蒙特利尔市位于加拿大东南部，是加拿大第二大城市，与地处美国东北部的佛蒙特州临近。温哥华市与蒙特利尔市两地距离将近5 000公里。西雅图市是位于美国华盛顿州中西部的大城市，与温哥华市相距200多公里。——译者注

第三讲 地区与国家

把大型市场安置在制造商云集的地方。同时，我们在这里也没有理由认为，国家的边界能够界定下一个密切相关的地区。就拿我举的美国—加拿大这个例子来说，多伦多市[1]当然是产业中心地区的一部分（事实上，遍布各类产业的安大略省通常会被地理学家们当作是美国制造业带的一部分），而爱达荷州[2]则是产业外围地区的一部分。欧洲传统的制造业带跨越了法国、比利时、卢森堡以及德国的边界，但是这个制造业带却没有包括开设本次讲座的这个城市。

所有这些看起来都显而易见，但是经济学家们仍然经常在这个问题上犯错误。就在几年前，在有关收益递增和贸易的经济学分析当中，通常还要假设外部经济只在国家这个层面上适用，而且这种经济学分析的结论认为：大国倾向于出口具有规模经济特征的商品。这个结论或许现在还是正确的，但在将来，这个结论之所以正确是因为国家政策使然，而不是因为经济本身有任何内在的重要力量能够在地理上划分界线，并且把这条线两边的土地称作不同的国家。

---

[1] 多伦多市位于加拿大东南部，是安大略省的省会，加拿大第一大城市，与美国纽约州罗切斯特市陆上相距约260公里。包括多伦多市在内的安大略省部分地区处于本书图1.1中用平行四边形表示的制造业带之内。——译者注

[2] 爱达荷州位于美国西北部，与加拿大接壤，其首府博伊西市与多伦多市两地相距约3 500公里。——译者注

地理与贸易

所有这些都告诉我们国家边界之所以重要的真正原因，同时也告诉我们（就我们的分析来说）该如何正确地理解国家这个概念。国家之所以重要（从建模意义上来讲，我们需要国家这个概念），是因为国家有政府，而政府的政策会影响商品和要素的流动，尤其是国家边界经常会充当贸易和要素流动的障碍。当今的每一个国家都对劳动力的流动施加限制，许多国家对资本的流动也会施加限制，或者至少会威胁要对资本的流动施加限制。同时，尽管人们全力以赴地进行贸易谈判，但对于贸易来说，实际或潜在的限制无处不在。

这些限制力量多种多样。在美国制造业带兴起的年代里，欧洲国家正在通过征收关税割裂国家之间的经济纽带（并且最终导致战争）。现在，发达国家之间的工业制成品贸易相当自由，而且从原则上讲，欧共体内部的贸易是完全自由的。不过，我们很快就会看到，欧共体内部的产业地方化所达到的程度与美国国内相比还差得很远。相比之下，现在劳动力的流动远不如第一次世界大战之前那么自由。事实上，在欧洲移民的伟大时代[1]，也就是在众多

---

[1] 欧洲对外移民历时久远，在不同阶段移民规模不等。在19世纪初至20世纪初的这次移民潮中，欧洲约有数千万人移居北美或其他地区。移民的原因不尽相同，有政治方面的原因，有宗教方面的原因，也有的移民就是希望能够在新的地方过上自己想要的生活。——译者注

第三讲　地区与国家

移民必须在加拿大、阿根廷、澳大利亚和美国之间选择落脚地的那个时代，（我们或许可以认为）在这些国家之间至少有效的劳动力流动是近乎完美的。

但是不管在哪种情况下，核心问题都在于应该根据由国家所产生出来的各种限制来定义国家。就让我们从这一点出发，分析国家在产业地方化中所起的作用。

地方化和贸易

萨缪尔森的天使

如果贸易是完全自由的，那么劳动力甚至资本，在民族国家之间不能流动并不一定就会对产业地方化构成阻碍。事实上，每一个国家都倾向于发展自己的一套地方性产业，并且出口这些地方性产业所生产的商品，进口其所不能生产的商品。

对于上述问题，我们可以通过一个寓言来帮助我们思考。这个寓言是由保罗·萨缪尔森（Paul Samuelson）最先提出来的，他用这个寓言来解释赫克歇尔-俄林模型（Heckscher-Ohlin model）的精髓。埃尔赫南·赫尔普曼和我在分析收益递增条件下的贸易问题时，很多次地引述过这个寓言。

萨缪尔森假设，在很久很久以前，有一个经济体处于均衡状态。（很奇怪，这个寓言的浪漫色彩在接下来消退得非常快！）资本和劳动自由地在一起工作，生产资本密集型产品和劳动密集型产品。但是这些生产要素变得越来越狂妄自大,竟然敢于向上天挑战。于是,一位天使降临凡尘,将这些生产要素发配到不同的国家。从那以后,来自某一个国家的资本就只能与来自相同国家的劳动一起工作,而且那位天使并没有均等地分配资本和劳动。这些受到惩戒的生产要素该怎么办呢?

答案当然是:如果那位天使并没有把生产要素分配得太不均等,那么仍然有可能通过贸易来"再现那个曾经的一体化经济"。具有较高资本—劳动比的那些国家可以集中生产并且出口资本密集型产品,用以从其他国家交换劳动密集型产品,从而达到与天使下凡之前相同的总产量和相同的要素报酬。商品贸易本质上是实现目前已经被禁止的生产要素贸易的间接手段。

很显然,我们能够将这个寓言扩展一下,以使其涵盖产业地方化以及比较优势问题。假设在天使下凡之前,某些产品的生产聚集在一些特定的工业区。而在天使下凡之后,仍然有可能得到相同的结果:如果没有哪个地区会使用过多的资本和劳动,那么对于任何一个工业区来说,通过出口其产品同时购买其他国家内部工业区的产品,该工业区就能在某一个新的国家级经济体中"安顿下来"。

在这个被扩展的寓言当中,商品贸易产生于一系列

第三讲 地区与国家

原因。商品贸易既是交换生产要素的一种间接手段，也是实现地方化经济的一种途径，而这对于相关各方来说通常都是有益的。假设那位天使并不太恶毒（也就是天使并没有将世界切割成太小的国家，以至于这些国家容纳不下众多的工业区；同时，这位天使也没有将世界切割成资本和劳动的禀赋太不均等的国家，以至于这些国家不能通过商品贸易来弥补它们的先天缺陷），那么每个人都将获得其在那个曾经的一体化经济中所能获得的等额报酬。这样，商品贸易就将是有利可图的，这不仅是因为隐性的要素贸易可以带来好处，还因为商品贸易可以实现产业地方化所能带来的收益。

这是一个令人感到欣慰的故事。但是，这个故事与实际发生的情况是否相符呢？它的良好寓意是否真的正确呢？

欧洲和美国

与第一讲一样，我在这里尝试进行一些初步的定量分析，以便获取对上述问题的实证性感知。当然，我在这里所应用的方法虽然显得很粗糙，但该应用具有启发意义。由于我现在需要处理的是国际性的数据，所以数据处理之后所得到的结果会更加粗糙。不过，我觉得这些结果非常有趣。

这项工作的起点是我对如下现象的观察：美国的几

个"大片区"(great regions)——美国东北部地区(新英格兰地区加上大西洋沿岸中部地区[1])、中西部地区(中部东北片区域和中部西北片区域[2])、南部地区和西部地区——在人口数量和经济规模上都可以与欧洲四强[3]相媲美。这样,人们可能会猜想美国几个大片区之间的经济差距会和欧洲国家之间的经济差距大体相同。但事实上,正是因为美国几大片区之间相距如此遥远,人们才有可能会猜想欧洲的产业地方化进程已经走在了前面。

为了进行美欧之间的这种比较,研究者需要具有可比性的数据,但这又正是困难之所在。我能找到的最好的数据,是欧洲国家有关(多于或少于)两位数产业的一套就业统计数据。这套数据可以与美国几大片区大致相同产业的区域性就业统计数据相比较。虽然这种比较显得很粗糙,但是我已经竭尽全力了。

通过运用这些数据,我构造了地区(或者国家)差

---

[1] 新英格兰地区(这个地名源于英国早年在该地的殖民统治),包括美国东北角的缅因州、佛蒙特州、新罕布什尔州、马萨诸塞州、罗得岛州和康涅狄格州,总面积约占美国领土面积的2%。美国东临大西洋,靠近东海岸的各州在地理学上通常被分作三大块,从北向南分别称作新英格兰地区、大西洋沿岸中部地区和大西洋沿岸南部地区。大西洋沿岸中部地区,包括纽约州、新泽西州、宾夕法尼亚州、特拉华州、马里兰州、华盛顿哥伦比亚特区、弗吉尼亚州和西弗吉尼亚州。——译者注
[2] 中部东北片区域包括伊利诺伊州、印第安纳州、密歇根州、俄亥俄州和威斯康星州。中部西北片区域包括艾奥瓦州、堪萨斯州、明尼苏达州、密苏里州、内布拉斯加州、北达科他州和南达科他州。——译者注
[3] 欧洲四强指德国、英国、法国和意大利。——译者注

异指数(indices of regional/national divergence),其构造方法如下:令 s_i 表示某个地区(或者国家)产业 i 的就业量在该地区(或者该国)制造业总就业量中的份额;同时,用 * 表示某个其他地区(或者其他国家)产业 i 的就业量在该地区(或者该国)制造业总就业量中的份额。这样,我所使用的指数就是:

$$\sum_i |s_i - s_i^*|$$

假设某两个地区具有完全相同的产业结构,也就是说,对于所有的产业 i,就业份额都是一样的,因此,地区差异指数是零。稍微有点不太明显的是,如果两个地区的产业结构完全不相交,那么地区差异指数为 2(因为每个地区每个产业的就业份额都完全被纳入指数计算)。所以,这个指数就能以粗略的方式将产业结构差异予以量化,从而也就能将地区分工水平予以量化。

我已经对 12 对地区(或国家)的差异指数进行了计算,即将美国的几大片区进行比较,同时也将欧洲四强进行比较。(由于我不相信这些数据具有足够的可比性,所以我没有尝试直接计算美国与欧洲之间的差异指数。)计算的结果如表 3.1 所示。[1]

---

[1] 表 3.1 中所说的"产业分工指数"与前文所说的"地区(或者国家)差异指数"应该指的是同一指标。——译者注

结果并不像我希望的那样显著，可能是因为这些数据太过于粗略。不过我们还是可以从这些结果中看出，欧洲国家的分工水平弱于美国几大片区的分工水平。你可能会有这样一种印象，美国是一个非常同质化的社会，在这个社会当中，地区差异已经消失殆尽。从文化角度讲，你的这个印象可能是对的。但从经济角度讲，美国几大片区之间的差异比欧洲国家之间的差异更为明显。

表 3.1　　　　　　　　产业分工指数

A. 美国几大片区，1977 年				
	东北部	中西部	南部	西部
东北部	—	0.224	0.247	0.242
中西部	—	—	0.336	0.182
南部	—	—	—	0.271
B. 欧共体国家，1985 年				
	法国	德国*	意大利	英国
法国	—	0.200	0.197	0.083
德国	—	—	0.175	0.184
意大利	—	—	—	0.184

*此处应指两德统一前的联邦德国。——译者注

如果我再稍微作一点假，从而让人觉得我所思考的这些内容是最具有启示性的案例，那么一个更加清晰的图景就会呈现在读者眼前。我们比较一下美国中西部地区和南部地区的产业分工，再比较一下德国和意大利的产业分工。在这两个例子当中，我们实际上是在将一个

传统的重工业生产地和一个传统的劳动密集型轻工业生产地进行比较。而且正如我们在表 3.2（该表对一些选定产业的就业份额进行了比较）中所看到的那样，关键产业的显示性比较优势（revealed comparative advantage）的状况是相似的。

表 3.2　　　　　　产业专业化（制造业就业份额，%）

	德国	意大利	中西部	南部
纺织	3.7	9.1	0.3	11.7
服装	2.6	5.6	2.4	10.6
机械	15.8	12.9	15.0	7.1
运输设备	13.2	10.4	12.8	5.9
份额差异之和	35.2		62.6	

但是，按照这个显示性比较优势，专业化程度存在很大差异。一个极端是，美国中西部地区基本上没有纺织产业，比较而言，德国还是拥有相当规模的纺织产业的。另一个极端是，美国南部地区生产的机械数量要远远少于意大利的机械产量。

为了进一步说明问题，让我再来比较一下汽车产业。表 3.3 将美国汽车产业的地区分布和欧洲汽车产业的国别分布进行了比较。该表显示，美国汽车产业的地方化要显著得多。实际上，美国的汽车产业大多分布在中西部地区，在美国的其他地区仅零散地分布着一些汽车组装工厂。而欧洲的汽车产业有一半是聚集在沃尔夫斯堡[1]方圆150公里之内的区域。

表 3.3　　　　　　　　汽车生产的分布（%）

美国		欧共体	
中西部	66.3	德国	38.5
南部	25.4	法国	31.1
西部	5.1	意大利	17.6
东北部	3.2	英国	12.9

因此，尽管这些数据存在瑕疵，但是结论看起来还是很明显的：美国的产业地方化已经远远地走在了欧洲的前面。

何以如此？很显然，原因是存在贸易壁垒。让我们回到上一讲中有关产业地方化的一个故事，也就是回到聚焦于中间产品的那个故事，因为这样对我们理解问题有所帮助。

在上一讲中我曾指出，中心—外围模型和一个简化的模型（在那个简化的模型中，每一个产业的制造品既是最终产品又是中间产品）非常类似。在这两个模型中，当运输成本下降并且规模经济上升的时候，产业聚集往往就会发生。（两个模型的差异是，中心—外围模型中制

---

[1] 沃尔夫斯堡，德国中北部城市，大众汽车（Volkswagen）公司所在地，该地区以汽车产业享誉世界。——译者注

第三讲　地区与国家

造品的需求份额对应于中间产品模型中被用作投入品的产出份额。）

考虑一下19世纪所发生的情形：在欧洲以及美国，运输成本下降了，规模经济也变得愈加重要，这样，有关产业地方化的那一套逻辑就显得越来越难以辩驳。但是在欧洲，运输成本的下降却被关税（通常是日益高涨的关税）所抵消。在1913年之后的45年[1]里，欧洲被外汇管制以及其他一些更加糟糕的措施搞得四分五裂。即便是在欧共体成立之后，国界仍然是十分令人讨厌的贸易壁垒，更何况还存在各国管理规章的分歧以及优待本国产品的隐蔽性政府政策。这样，结果就是，欧洲的地方化经济远逊于美国的发展水平。

由于欧洲经济的一体化程度越来越高，所以上述比较对于欧洲经济的未来有着许多有趣的寓意。请允许我着重讨论两个问题：潜在的调整[2]问题和货币联盟问题。

---

[1] 1951年，联邦德国、法国、意大利、荷兰、比利时和卢森堡签订了以建立煤钢共同市场为目标的《欧洲煤钢共同体条约》。1957年，上述六国又签订了《罗马条约》，决定建立欧洲经济共同体和欧洲原子能共同体，该条约于1958年1月1日正式生效。从1913年（即第一次世界大战开始的前一年）算起到1957年正好是45年。1967年，三个共同体进一步统一合并为欧洲共同体（简称欧共体）。——译者注

[2] 这里所谓的"调整"似应与该词在第一讲中的含义相同，即指劳动力在地区之间的流动以及由此产生的各种连带变化。如果考虑到劳动力的流动会导致产业布局发生变化，那么按照中文表述习惯，将这里以及后文中所谓的"调整"译为"产业调整"或许也能说得通。——译者注

假设欧洲最终看起来会和美国一样，有着相似的地方化和专业化程度。这样一个由此及彼的发展道路，必然意味着至少欧洲的一些产业中心要经历一个崩溃的过程。如果表3.2具有指导意义，那么在一个一体化的欧洲经济当中，德国应该为其将要经历纺织和服装产业的崩溃做好准备，并为这些产业搬迁至欧洲南部地区早做安排，这可以与美国在20世纪初将新英格兰地区的传统产业搬迁至东南部地区相提并论。作为一种补偿，德国在关键性重工业以及高科技行业这两个领域的产业集群应该会兴盛起来，而这些产业在欧洲南部地区将会衰退——这可以看作是欧洲南部地区产业的一种退化（Mezzogiornification）[1]，虽然实际上对于两个地区来说这都是有利的。

现在，人们可以认为欧洲的这个专业化过程至少在制造业中不会像在美国那样剧烈。因为一方面，地方化经济可能会存在多重均衡状态，虽然这些不同的均衡状态在产业地方化的程度以及在区位的具体选择上会存在差异。也就是说，如果美国碰巧建立起来两个（而不是一个）汽车产业中心，那么这两个汽车产业中心都有可能生存下来。而如果将美国的这一情形与欧洲做直接的

---

[1] 作者用Mezzogiornification这个词的意思似乎是指中心地区和外围地区之间越来越大的差异或者形成这种差异的过程。——译者注

第三讲 地区与国家

类比，那么在地理上相对分散的欧洲制造业或许会生存得更好。（在稍后我们讨论中心—外围问题的时候，我将更清晰地阐述这个论点。）再者，一段时期以来，美国国内确实已经出现了制造业分散化（delocalization）的趋势。表3.4比较了1947年和1985年的地区差异指数，从中可以看出，产业地方化的程度已经有了确定性的下降。也就是说，美国的制造业在很久以前，或许是在20世纪20年代，就已经达到了地方化的最高水平。如果我们认为欧洲会朝着美国未来的景象去发展，而不是发展成为现在的美国，那么欧洲的调整程度看起来就要小得多。

表3.4 美国地区分工指数

A. 1947年	中西部	东北部	南部	西部
中西部	—	0.361	0.606	0.441
东北部	—	—	0.560	0.504
南部	—	—	—	0.403
B. 1985年	中西部	东北部	南部	西部
中西部	—	0.224	0.336	0.182
东北部	—	—	0.247	0.242
南部	—	—	—	0.271

另一方面，在美国，服务业可能正在变得越来越聚集化。如果欧洲打算效仿，那么我们实际上就要使所有的高级金融活动都聚集在伦敦市；全部的娱乐产业都聚集在（比方说）马德里市；绝大多数的高级软件公司都规划在牛津市附近；而所有的保险公司总部都聚集

在……嗯,你明白我的意思。

总之,重点在于1992年的情形可能看起来并不像1958年那样。在朝着欧洲经济一体化方向的第一次伟大迈进中[1],几乎所有的贸易增长都以"产业间"贸易形式呈现,而不是以"产业内"贸易形式呈现,因而由贸易增长所带来的调整问题就会相对较少。但在这一次[2],如果让真正美国式的产业专业化来引领欧洲的一体化进程,那么欧洲的经济转型可能就不会再那么轻而易举地实现了。

越过经济转型问题,我们又该如何看待货币联盟问题呢?到目前为止,我在这次讲座中对货币或者汇率都只字未提,而且我也不打算多讲。然而,经济地理学方法确实启发人们对一些广受认同的观念提出质疑。有观点认为,"1992计划"为建立欧洲货币联盟(EMU)铺平了道路,也就是经济一体化程度越高,从货币联盟中获取的收益就会越多,而且代价也会越小。这样的观点,特别是在欧洲,几乎已经成为正统观念。

上述推理的部分依据是标准的最优货币区理论。我们假定,建立货币联盟既可以带来收益(减少国际贸易

---

[1] 似应指1958年欧洲经济共同体建立。——译者注
[2] 似应指在1992年要落实在欧共体内部建立统一大市场的计划。——译者注

第三讲 地区与国家

中的交易成本，提高货币政策的可靠性和稳定性），又需要付出代价（当某个国家受到冲击时，调整起来会更加困难）。一般的观点认为，如果两个国家之间的贸易量越大，那么这两个国家采用共同货币所能带来的收益也就越大，而且它们各自的汇率调整自由权也就越没有价值。因为"1992计划"将导致贸易量增加，所以这个计划强化了支持采用共同货币的论据。

到目前为止，一切都很顺利。两个国家的产出结构越相似，它们所面对的冲击的特异性就会越少，从而这两个国家采用共同货币所需付出的代价就会越少，这些都是事实。欧洲的分析师们一般假设，"1992计划"的落实将会伴随着，而且实际上将会促进欧共体国家之间经济结构的持续融合，因此，支持采用共同货币的论据又得到了进一步的强化。

但是，如果前面的几张表中所呈现的证据正确，那么作为"1992计划"落实的结果，欧洲国家可能会变得越来越不相似，而不是越来越相似——从这个意义上讲，欧洲国家一体化程度提高的结果是，它们将变得更加不适合组建一个最优货币区。（当然，这里隐含的一个观点是，美国按理说应该比欧洲更不适合采用单一货币！）

我不想再对这个问题做进一步的讨论了，姑且把它当作是地理学方法给国际经济学提出的一个令人意想不到的问题吧。

再论中心与外围

现在,我们从经济体的分工问题转向规模经济问题。在第一讲中,我曾证明收益递增和运输成本的交互作用可以在一般层面上解释地区间不均衡发展问题,也可以解释那些在生产上具有领先一步优势的地区为什么能够把产业从初始条件不太有利的地区吸引过来。

基于上述观察结果,我们就国家之间的竞争提出以下若干问题。如果小国担心它们的产业必然要被吸引到其强大邻国的大型产业中心去,那么小国就应该对经济一体化望而却步吗?各国都应该采取精心设计的政策以确保自己能够争得产业中心的地位吗?中心—外围模型能够像解释地区间不均衡发展一样,解释国家间的不均衡发展吗?

让我们来简略地讨论一下这些问题。

谁能够争得产业中心的地位?

乍看起来,在第一讲中建立的两地区模型似乎对小国来说有种不祥的寓意。难道我们就不能把两个国家当作是两个地区,而且较大的国家拥有较多的初始人口数量,从而有可能把所有的产业从较小的国家吸引过去?

不一定,因为国家和地区并不完全一样。为了说明原因,我们希望找到一个近期最引人注目的例子,这时,

第三讲 地区与国家

我们突然意识到，虽然苏联是一个巨大的经济实体，但这个经济实体不过是地区性经济体的一个集合体。如果这个经济集合体像其可能将会发生的那样，按照地理构成分裂为不同的部分，那么不同的部分都不会单独地扩张到比苏联过去的那些东欧卫星国家更大的规模。

因此，更准确地说，一个大国应该是由众多的地区——而且是众多并不大的地区——所组成的。而一旦我们把国家看作是众多地区的集合体，我们就会发现经济一体化并不必然会给国家内部的各个地区都带来好处。

为了弄清楚为什么是这样，我们需要舍弃两地区模型，转而在一个多地区分析框架中探讨中心—外围模型。当然，按照区位理论的一般传统，我们通常不是把众多地区放在一起进行研究，而是假设人口会连续地分布在一个二维平面上。但是这种分析方法对于我现在所要处理的问题来说实在是太难了。与区位理论的一般传统不同，请让我假设有这样一组地区，它们彼此分离，并且分布在一个一维空间上；因为我并不关心这个一维空间的终点究竟在何处，所以这个空间就必须是环形的。同时，我希望我所要讨论的地区的个数尽可能少，同时又足够多得让我来讲述一些有趣的故事，这样一来，我就要讨论六个地区。经此番设计，我所要讲述的故事如图3.1和图3.2所示：六个地区分布成一个环形，而且只有围绕着这个环形路线才有可能运输产品（在环形的中央区域，有众多不可逾越的山脉）。

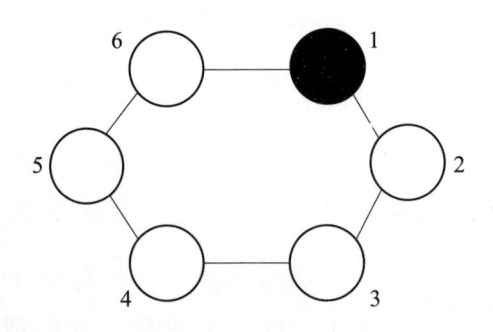

图 3.1

与第一讲相同，我们设想有两种人：农民（他们在这些地区之间均匀分布）和工人（他们可以选择在什么地方生活）。于是，有一种可能是，这个经济体将会形成一个单一的产业中心，这种情形在图 3.1 中用一个被涂上阴影的地区来表示。或者，如果运输成本很高，规模经济微弱，并且"可自由流动的"生产所占的份额又非常小，那么制造业生产就可能会在这些地区之间均匀分布。

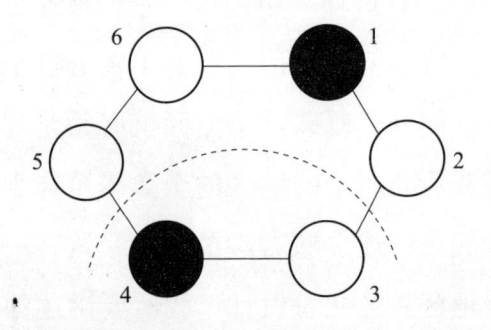

图 3.2

第三讲 地区与国家

但是，还有另外一种可能，就是这个经济体会支撑起多个产业中心。图 3.2 显示了一个尤为可信的范例。在该图中，阴影部分表示形成了两个产业中心，分别在地区 1 和地区 4，每一个产业中心都将有一个"腹地"，它们分别由产业中心各自临近的两个地区构成。

在这两幅图中，哪一幅是正确的呢？答案大概要取决于一些参数，而且正如我们在第一讲中所看到的那样，这些参数决定了一个中心—外围格局能否出现在两地区模型当中。如果运输成本很低，规模经济显著，而且可自由流动的产业在国民收入中所占的份额很大，那么结果将是只能有一个产业中心出现；如果现实条件完全相反，那么或许根本就不会出现产业中心；而如果现实条件介于前述两者之间，那么就会出现一个具有多重产业中心的经济结构。①

现在，我们考虑如下这样一个假想的历史：最初，如图 3.1 和图 3.2 所示的世界由两个彼此分离的国家组成，其中一个国家包含四个地区，另一个国家包含两个地区；在图 3.2 中，国界用虚线来表示。进而，我们假

---

① 正如第一讲的分析结论所表明的那样，均衡结构可能不止一个，也就是说，即便对于既定的一组偏好和技术，产业布局既有可能只有一个产业中心，也有可能有两个产业中心。为了后续讨论方便，我们需要先提出问题，但接下来，我们暂且忽略这个问题。

设这两个国家最初都维持了较高的贸易壁垒和要素流动壁垒,从而这两个国家的经济布局会以各自独立的方式进行演变,并且那个较大的国家在地区1建立了产业中心,而那个较小的国家在地区2[1]建立了一个较小的产业中心。然后,这两个国家采取类似于落实"1992计划"这样的行动,最终两个国家融合成为一个单一的经济实体。那么,接下来又将会发生什么情况呢?

答案取决于在最终的均衡状态下是有一个产业中心还是有两个产业中心。如果这个一体化经济体最终只有一个产业中心,那么地区1很有可能会凭借其领先一步的优势把所有的制造业都从地区4吸引过来。但如果这个一体化经济体最终有两个产业中心,那么当地区4能够打通进入其纯天然"腹地"的通道的时候,其制造业势必将会得到扩张,而地区1的制造业将会萎缩。

我估计,有人会猜想,当两个国家结成一体化经济体的时候,较大的国家会赢得制造业,而较小的国家的制造业将会萎缩,因为在一体化经济体中更有可能形成一些大型产业中心。但这只是一种猜想,而不是一种必然——因为问题的关键在于,我们需要顾及生产的地理结构,而不是把国家当作分析问题时所使用的自然单位。

---

[1] 原文如此,疑误,似应为"地区4"。——译者注

第三讲 地区与国家

争抢产业中心？

我们已经看到，如果前述的两地区模型假设只有一个产业中心，那么在分析国际问题的时候，人们就有可能会受到这个模型的误导。尽管如此，我们还是回到这个两地区模型，并且根据这个模型来回答一个截然不同的问题：这种地理学视角会有什么样的政策含义呢？

现在，任何包含要素流动内容的模型都对政策分析提出了一个基本的问题：政策应该代表谁的利益？德国的社会福利函数（social welfare function）应该包含那些碰巧在德国工作，但其祖先又都在土耳其的客籍劳工（gastarbeiter）[1]吗？土耳其的社会福利函数又是否应该包含那些已经移居到德国的人呢？

请允许我偷个懒，因为我要采用一个显然并不妥当的概念，也就是我们只衡量不流动要素的福利状况。这就相当于要在我们的中心—外围模型中只考虑"农民"，而不考虑"工人"。对于严格的政策分析来说，这样做显然不合适，但我所做的一切都只是想证明一点：许多国家很有可能都存在一种欲望，即通过采用贸易保护政策

---

[1] 由于缺少劳动力，联邦德国从 1955 年开始实施客籍劳工计划。按照这个计划，联邦德国从南欧和北美引进大量劳动力，后来劳动力的来源地又扩展到包括土耳其在内的地中海沿岸国家。这些客籍劳工主要集中在联邦德国的工业领域，他们中的绝大部分在联邦德国没有永久居留权，工作期满以后就会被遣返回国。——译者注

或其他政策来确保其能够争得产业中心的地位，或者至少能够防止其新兴的产业中心地位被邻国抢走。

我们还是用一个具有启发意义的图形（见图3.3）来说明问题，因为我觉得这样做或许会很有帮助。在图3.3中，我构想了一个包含两个地区的世界，也就是第一讲中所描述的那种世界；在每一个地区，不流动的"农民"的福利是运输成本的函数。当运输成本高昂的时候，中心—外围格局是不会出现的，所以，如果这两个地区一样大，那么这两个地区的农民将会有相同的福利水平。降低运输成本至少将会在一定程度上提高每一个地区农民的福利，因为仅仅通过增加地区间贸易[1]就可以使农民的福利提高。

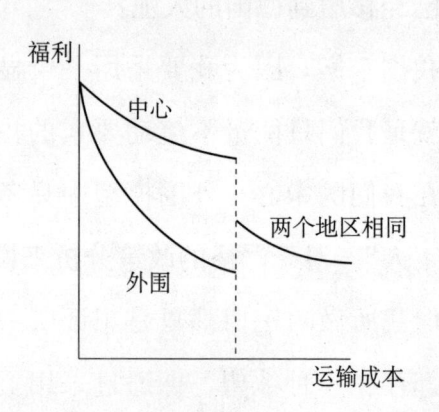

图 3.3

---

[1] 降低运输成本有利于增加地区间贸易。——译者注

第三讲 地区与国家

然而，如果运输成本下降得足够多，那么我们将会达到一个临界点，在该点，两个地区会分化成一个制造业中心和一个农业外围。进而，当越过这个临界点的时候，很显然，尽管地处制造业中心地区的不流动要素将会获益，但是，那些从一开始就地处另一个地区的不流动要素将会受损，因为后者现在不得不进口其所需要的所有制造品。

如果运输成本进一步下降，那么两个地区的福利不仅会再一次上升，而且会趋于相同。而当运输成本降为零的时候，不仅区位不再重要，而且两个地区会达到相同的福利水平（这个福利水平要高于这两个地区在运输成本高昂时所达到的福利水平）。这些都清晰地表明，对于成为产业外围的那个地区来说，在经济一体化和福利之间存在一种 U 形关系：紧密的一体化是一件好事，但如果朝着一体化方向前进得很有限，那么就有可能损害地区福利（有关这一点我将很快回过头来予以讨论）。但是，现在我将集中讨论当运输成本处于临界水平附近时（此时，这两个地区开始分化）会发生什么情况。

很显然，(1) 一个地区的不流动要素更喜欢置身于产业中心地区，而不是置身于产业外围地区；(2) 在临界点，微小的政策举措就能使天平偏向于某一个地区。想象现在是 1860 年，而且你正确地预见到铁路的发明将

地理与贸易

使你身处其中的大陆分化成一个拥有产业中心的工业国和一个没有产业中心的农业国。于是，你有可能会振振有词地拥护征收临时性关税，从而确保你所在的国家能够争得产业中心的地位。然而，一旦你所在的国家在制造业领域确立了绝对的主导地位，那么你的国家就可以取消关税，并且向那些实际上已经成为你国经济殖民地的其他国家宣讲自由贸易的好处了。

诸如此类的事情曾经发生过吗？我不能确定。不过，有一个故事倒是包含了上述内容的一些基本元素，而且我觉得在这个故事当中，人们有可能会为保护主义找到一个绝佳的辩护，这个故事就是第一次世界大战之前加拿大的经济民族主义的案例。

加拿大的经济民族主义

1873年，当美国以北的许多英属殖民地组成一个单一政府的时候，这个国家看起来整体上将会变成业已成形的美国制造业带的北美外围的一部分。[1] 我们现在习惯于把加拿大想象成一个像美国那样的移民国家，但在建国之初，加拿大并没有从国外吸引到多少移民，反而是一些加拿大人，尤其是一些来自赤贫的魁北克省[1]的

---

① 该节内容请参见巴克伯格（Buckberg，1990）。
〔1〕魁北克省位于加拿大东南部，与美国北部的缅因州、佛蒙特州临近。——译者注

第三讲 地区与国家

加拿大人大量地移民到美国。当时的加拿大几乎没有制造业，甚至制造业看起来连发展的希望都没有。其农业向西扩张至大草原（这和美国的情况差不多），但农业的扩张并没有把工业和城市化带到加拿大西部（这也和美国的情况相同）。

如果人们在1870年的时候做个预测，那么人们很有可能会将未来的加拿大预测成一个拥有500万人口或者最多1 000万人口的农业国，也就是一个有点像放大的内布拉斯加州[1]那样的国家。而且人们可能还会预测，这个农业国的绝大多数人口将会相当富裕，这与绝大多数美国农民现在的情况非常相似，但那样的农业国可能算不上一个了不起的国家。

当然，实际发生的情况是，加拿大采取了一种精心设计的政策，通过这种政策，加拿大将自己的经济与美国的经济隔绝开来。1878年，加拿大采取了所谓的民族性政策。该政策有两个构成要素：其一，关税壁垒政策，它实际上迫使加拿大的农业部门向国内生产商采购商品，而不是向著名的美国供应商采购商品；其二，国家性铁路政策，它实际上是为东西走向的交通运输提供补贴，

---

[1] 内布拉斯加州，地处美国中西部，约占美国本土面积的2%，农业在该州经济中占有重要地位。——译者注

而不是为天然的南北走向的交通运输提供补贴。

难道这样的政策还是那个在过去的 40 年里声名狼藉的标准幼稚产业保护政策（进口替代政策）吗？不完全是。直到 20 世纪 20 年代，加拿大和美国的关系还非同寻常：事实上，这两个国家之间的劳动力流动近乎完美。其原因是，这两个国家都是受经济利益驱使的大量移民的目的地，因此，这两个国家就要为吸引工人流入而展开竞争。

不过，这也意味着加拿大的进口替代政策可以做到与之类似的政策在其他国家无法做到的事情，也就是进口替代政策不仅可以保护加拿大的国内市场，而且可以扩大其国内市场。这是因为加拿大的农民被迫要去购买加拿大自己生产的产品，这样一来，加拿大自己生产的产品的产量就比没有进口替代政策时要多，因此，加拿大自己生产的产品的市场也就更加庞大，而且从原则上来讲，这个市场最终会庞大到足以自我维持的程度。也就是说，加拿大的市场最终将会变得足够庞大，从而使得落户在加拿大的制造业即便在不受保护的情况下也能有效地为市场提供服务。这时，加拿大的经济就可以扔掉拐杖，接受自由贸易，而且无需担心被外围化[1]（pe-

---

[1] 此处也可译作"被边缘化"。——译者注

ripheralized)。与其说这是一种幼稚产业保护论，倒不如说这是一种幼稚国家保护论。

这是一项成功的政策吗？答案或许取决于人们的目标。我们可以清楚看到的是，该项政策绝不仅仅是创造了一个温室中的工业部门（即只要暴露于国际竞争的暴风骤雨中就会立即衰亡的工业部门）。现在的加拿大是一个足够强大的工业国，它接受和美国的自由贸易而不担心会被外围化。（有些加拿大人仍然担心加拿大会被外围化，他们甚至有可能是对的；不过，他们只是少数而已，而且他们很有可能是错的。）我们似乎有理由认为，加拿大的民族主义经济政策是塑造这种实力的关键因素。

地理格局和欧洲外围

在本次讲座开始的时候我就指出，欧洲的经济学正变得不再是国际经济学，而是区域经济学。如果这意味着产业会日益地方化，那么这将会引起诸多涉及调整的问题，而且这些问题很有可能会被效率的提高所抵消。但是，如果事实证明一个一体化的欧洲会演变出一种地理格局，即所有可自由流动的事物都聚集在欧洲大陆的西北角，而让边缘地带承担地理格局演变的代价，那么结果将会怎样？欧洲一体化这一思想还能经得住考验吗？

让我先从讨论欧洲当前的一些事实开始，然后讨论将来可能会发生什么情况。

地理与贸易

今日欧洲的中心与外围

欧洲现在的人口分布完全不像美国的人口分布那样不均衡。在一些欧洲国家内部存在着若干个中心—外围格局：大伦敦地区[1]或者大巴黎地区[2]持久的吸引力在美国人看来都司空见惯（这些产业中心四周的景致，看上去与我钟爱的风景如画的东北走廊[3]已经越来越没有区别了）。尽管在20世纪60年代和70年代初就有相当多的人口从欧洲南部地区移民至欧洲北部地区，但是人口和就业并没有大规模地聚集在那些较早开启工业化的地区。其原因显而易见：若以要素流动性和贸易作为衡量标准，欧洲过去的一体化水平远逊于美国。

另一方面，当人们从购买力而不是从人口数量来考虑问题的时候，人们又会发现，欧洲具有非常显著的中心—外围格局特征。在欧洲内部，地区间收入差距比美国国内地区间收入差距要大得多，而且前者与地理位置有着密切的关联。欧洲委员会已经根据各个地区与市场之间距离的远近构造了一个外围性指数（index of pe-

---

[1] 大伦敦地区，地处英国东南部，是包括伦敦市及其周边地带在内的一个大都会。——译者注
[2] 大巴黎地区（也被译作法兰西岛，但实为内陆地区），地处法国中北部，包括巴黎市及其周边的部分省区。——译者注
[3] 东北走廊，即一条十分繁忙的铁路干线，北起马萨诸塞州的波士顿市，贯穿包括纽约市在内的美国东海岸许多重要城市，向南延伸至首都华盛顿。——译者注

ripherality），并且根据这个指数将地区进行归类，如表3.5所示，各地区的收入具有相当显著的梯度变异性。

对于某个流派的学者们——比如，伊曼纽尔·沃勒斯坦（Immanuel Wallerstein）或者尼古拉斯·卡尔多——来说，表3.5看起来就像是显示了一种因果关系，即外围性会影响地区收入。的确，我们不难构造出中心—外围模型的一个变异模型，而且这个变异模型无需要素流动在其中发挥作用。假设通过前向关联和后向关联，一个已经积累了大量实物资本和人力资本的地区会比缺乏这些要素的地区拥有更高的（而不是更低的）投资回报率；同时，假设资本的积累速度本身取决于投资回报率。于是，我们就可以推演出一个不平衡的螺旋式发展过程，在这个过程中，我们的世界内生性地分化出贫穷的国家和富裕的国家。这个故事很有意义，特别是对于我一直以来所研究的那一类模型来说更是如此；同时，这也的确是我曾经在其他地方讲述过的一个故事（Krugman，1981）。

表 3.5　　　　　　　外围性和欧洲的人均 GNP

	（欧共体平均水平＝100）
中心	122
中心与外围之间的地区	105
外围地区	89
外围地区之外	64

尽管欧洲有些地区收入较低肯定有其外围性方面的诱因，但是我非常坚定地认为还有其他更为主要的诱因。也就是说，欧洲的西北部地区之所以相对富裕，更多的是与文化有关，而不是更多地与地理格局有关。① 而且正因为如此，较为富裕的地区距离大型市场也相对较近，而这些大型市场正是这些富裕的地区。

因此，我猜想欧洲的中心—外围格局从根本上来说不是由我在本次讲座中所强调的那些力量塑造而成——尽管我愿意看到这种观点被证明是错误的。然而，欧洲的中心—外围格局就摆在那儿，也就是说，欧洲那些贫穷的地区大体上也都距离市场相对较远。②

随着欧洲变得更加一体化，那些贫穷的地区将会发生什么情况呢？一般的推测是，随着低工资地区与欧洲发达的产业中心之间的连接渠道日益畅通，制造业将有望从中心地区搬迁至外围地区。这有可能是今后的结果。但是，托尼·维纳布尔斯（Tony Venables）和我（1990）已经证明，这种推测并不一定正确：日益畅通的连接渠道有可能会挫伤（而不是帮助）外围地区的产业。

---

① 正如罗伯特·索洛（Robert Solow）曾经评论的那样，为解释国民收入水平差距以及国家增长率差异所付出的努力通常会以"业余的社会学争论"而告终。
② 我清楚地记得，当我还是小孩子的时候，我就明白了一系列的"科学事实"。对这一系列"科学事实"的观察往往是带着日本佛教的禅机意味："虽然月球比地球要小，但是它距离地球也很远。"

第三讲 地区与国家

一体化和外围地区的产业

设想有一个产业、一个中心国家和一个外围国家。这个产业可以落户于这两个国家中的任何一个，也可以同时落户于这两个国家。假设在中心国家，工资率较高，因此生产成本较高，但是中心国家拥有进入市场的便捷渠道；在外围国家，劳动成本较低，但是外围国家进入市场的渠道并不那么通畅。你或许会设想，运输成本的下降总会使生产从中心地区搬迁至外围地区。但是，你可能错了。

其原因在于降低运输成本会产生两种效应：它会促使生产落户于成本最为低廉的地区，但也会促使生产为实现规模经济而聚集在某一个地区。而当生产开始聚集的时候，将生产聚集在成本较高但拥有更为便捷的进入市场渠道的地方可能会更加划算。

表3.6显示的是一个假想的例子，它最初是由维纳布尔斯和我提出来的。我们设想有一种产品，它可以在一个地方生产出来，也可以放在两个地方同时进行生产。这两个地方分别是："比利时"，我们把它当作中心国家；"西班牙"，我们把它当作地处外围地区的国家。为简便起见，我们假设产品的总销量是给定的，也就是说，我们忽略所有的需求弹性，并且简单地假设在选择生产的区位时，只以能使生产和运输成本最小化为前提条件。

该产品在西班牙生产比在比利时生产更为便宜,因为西班牙的工资更低;但是,出于规模经济方面的原因,在这两个国家中的任何一个生产该产品,都比在这两个国家同时生产该产品更为便宜。另一方面,在这两个国家同时进行生产时会使得运输成本最小化,并且在地处中心地区的比利时进行生产时所需负担的运输成本要小于在外围地区进行生产时所需负担的运输成本。

表 3.6　　　　　　　　降低贸易壁垒可能产生的影响

	生产成本	运输成本		
		高	中	低
在比利时生产	10	3	1.5	0
在西班牙生产	8	8	4	0
在两个国家同时生产	12	0	0	0

在表 3.6 中,我们列示了运输成本高、中、低(实际上是零)这三种情形。如果运输成本高昂,那么生产将会在两个国家同时进行;然而,如果运输成本低廉,那么生产将会在工资较低的西班牙进行,对于这个结果我们并不感到太过意外。但是,运输成本的下降——在表 3.6 中,运输成本从"高"这种情形降低了 50%——实际上会使得生产区位从低成本的西班牙转换到高成本的比利时。

其原因在于,在中等运输成本的情形下,生产成本虽然已经低到足以使聚集化生产有利可图，但是这时的生产成本仍然显得较高，因而便捷的市场进入渠道取代了生产成本成为生产区位的决定性因素。因此，运输成本和该产业在西班牙的产出之间存在一种 U 形关系，而不是单调性关系：在一定范围内，更紧密的一体化实际上会引导生产朝着与比较成本（comparative cost）视角所预测的情形相反的方向发展。

我推测（这同样是出于猜测）我们现在正处于上述 U 形关系中良性的那一部分，而不是恶性的那一部分：虽然铁路和蒸汽轮船导致了外围地区的产业空心化，但是"1992 计划"事实上将促进外围地区制造业的发展。不过，对这个判断我们并没有多少把握，我们同样没有把握的是，服务业（其产品现在仍然难以运输）有可能会重演制造业的这段历史。

总结

跨越空间的各种交易是有成本的；生产过程中也存在着规模经济。这两个事实对于本次讲座所叙述的故事至关重要。因为存在规模经济，所以生产者有动力将每一种商品或服务的生产聚集在为数有限的几个地区。因为跨地区交易存在成本，所以单个生产商所喜欢的生产区位都是那些需求规模庞大或者中间品供给尤为便利的地区——这些地区大体上也是其他生产商选择的生产区位。因此,产业聚集一旦确立下来,往往就会自我维持下去;这不仅适用于单个产业的地方化问题,也适用于像波士顿—华盛顿走廊那一类雄奇的城市集群现象。

我曾向一个朋友(不是经济学者)解释上述基本思想。我的这个朋友多少有些诧异地回复我:"那不是显而易见的吗?"那当然是显而易见的。对于阿尔弗雷德·马歇尔、阿林·扬(Allyn Young)、冈纳·缪达尔(Gunnar Myrdal)、艾伯特·赫希曼(Albert Hirschman)、艾伦·普瑞德(Allan Pred)以及尼古拉斯·卡尔多,我的上述基本思想就是显而易见的。从某种意义上来说,本次讲座仅仅是复述了人们所熟知的一些思想。

然而,虽然这些思想可能早已被人们所熟知,但是它们从来都没有成为经济分析主流思想的一部分。在第一讲中我曾指出,其主要原因是经济学家们没有能力构建满足这个领域严谨化日益提高的经济地理学模型,而这种无能为力从根本上来说又归因于市场结构难以被模型化。所以,从这个意义上讲,本次讲座的内容与以往的学术成果有所不同:这要感谢那些研究产业组织与贸易问题的理论家们,正是他们在过去的二十年中付出了努力,才使得今天的经济学家有可能以严谨的方式来研究地理学问题。但是地理学家们很有可能并不喜欢这种研究方式,因为经济学界在热衷于严谨治学的同时,还

第三讲 地区与国家

会对现实置若罔闻，这无疑会让地理学家们感到恼火。然而，我到这里来演讲并不是要对我这一行的社会学属性提出反对意见，事实上，我正是想利用这种学科属性：通过展示经济地理学模型的精巧与妙趣，我希望吸引其他人来开垦这片几近原始的土地。

我希望通过开垦这片土地能获取相当丰厚的回报。通过区域比较，我们可以获得大量尚未挖掘的证据，这些证据可以帮助我们理解经济实际上是如何运行的。在本次讲座中，我提供了一些便捷但又略显粗糙的计算结果，这些计算结果都是在对唾手可得的数据进行简单加工的基础上得到的。如果有人耐下心来去做真正的实证研究，那么必然可以获得更为丰硕的成果。

经济地理学与政策之间也有着相当密切的关联。区域问题本身就很重要，而且，在第三讲中，我试图证明地理学视角也是很有用的，因为它为国际经济学问题提供了另外的一种研究方法。

然而，在我看来最重要的是，对经济地理学的研究为我们从根本上反思经济学提供了支撑。尽管人们对"路径依赖"（path dependence）越来越感兴趣，但是绝大多数经济分析仍然由 TTFE 这种模型范式所主导。这里我所说的 TTFE 模型范式是指这样一种思想，即一个经济体的行为从根本上是由其（外生给定的）喜好

(taste)、技术（technology）以及要素禀赋（factor endowment）所决定的。与 TTFE 模型范式针锋相对的思想是保罗·戴维（Paul David）所谓的 QWERTY（这是根据随意布局的打字机键盘[1]来命名的），这种思想认为一个经济体的一些重要方面都是看情况而定的，也就是说，这些重要方面都是受历史和偶然性因素支配的。

许多经济学家发现 QWERTY 令人感到非常困惑。但是就像保罗·戴维、布赖恩·阿瑟（1986，1990）以及在他们之前的其他学者们一样，我发现 QWERTY 令人感到十分振奋并且极富启发意义。不过，即便是根据这里所做的有关经济地理学的初步研究，我所得出的结论仍然是，无论你发现路径依赖是引人入胜还是骇人听闻，这都无关紧要。因为至少就经济活动的空间定位而言，一个经济体的当前状态在很大程度上是由历史上的偶然性事件塑造而成的。这个结论不是形而上学的假设，而是明摆着的事实。

---

[1] 即沿用至今的 QWERTY 键盘。这种键盘布局已有一百多年的历史。键盘的名字来源于键盘英文字母部分最上一行从左至右的前六个字母 Q、W、E、R、T、Y。虽然这种键盘布局后来被证明不利于打字效率的提高，但是在最初的使用过程中，这种键盘布局的确有助于解决铅字打印机的一些技术性问题。——译者注

附录 A 中心—外围模型

第一讲根据规模经济、运输成本以及劳动力迁移的相互作用勾勒了中心—外围模型的基本轮廓，这是一个内生发展模型，也是一个经济地理学模型。然而，如前所述，该模型还有一些悬而未决的问题，也就是说，该模型并不是一个真正完全明确的模型。本附录的目的是要展现同一个故事的另外一个版本，这个新版的故事不存在悬而未决的问题，也就是说，本附录要展现一个完全明确并且符合一般均衡理论的中心—外围模型。正如我们将要看到的那样，相同的基本结论将会呈现在我们的面前。[1]

---

[1] 事实上，这个正式的模型第一次出现在我的一篇论文当中（Krugman，1991a）[原文如此。疑误，似应为本书参考文献中的 Krugman (1991b)。——译者注]。第一讲中所呈现的非正式模型最初是用来说明某种直觉，即用来说明为什么这个正式模型会以现在的这种方式表现出来；我把第一讲中的非正式模型看作是正式模型的"精简"版（那个非正式模型虽然不太严谨，但是原理相同）。

模型假设

我们假设有一个国家，它包含两个地区，东部地区和西部地区；并且它生产两种商品，农产品和制造品。农产品是同质性的，农产品的生产处于收益不变和完全竞争条件下。制造品由若干数量的异质性产品组成，每种制造品的生产都处于规模经济以及垄断竞争的市场结构下。

假设经济中的每个人都有相同的喜好。福利是消费的柯布-道格拉斯函数（Cobb-Douglas function），消费的产品包括农产品和一组制造品：

$$U = C_M^{\pi} C_A^{(1-\pi)} \qquad (A.1)$$

注意，对于给定的这种函数形式，π 表示支出中用于制造品消费的份额。

制造品的组合又是单一制造品消费量的 CES 函数[1]，制造品的种类有很多，但不是每一种制造品都被实际地生产出来：

$$C_M = \left[\sum_i c_i^{\frac{\sigma-1}{\sigma}}\right]^{\frac{\sigma}{\sigma-1}} \qquad (A.2)$$

只要有大量的制造品被生产出来，那么以上的这种函数形式就能确保对任何单一产品的需求弹性都是 σ。

---

[1] 即不变替代弹性函数。公式（A.2）中的 σ 就是制造品之间的替代弹性。——译者注

附录 A 中心—外围模型

假设有两种生产要素，每种生产要素都只能用于一个特定的部门。"农民"生产农产品，"工人"生产制造品；农民不能成为工人，反之亦然。为了节省符号，我们有目的地选择了生产要素的计量单位，以使农民的总数为 $1-\pi$，工人的总数为 π（选择这种计量单位所导致的结果是，农民的工资和工人的工资在均衡状态下相等）。

假设农民的地理分布是固定的，并且每个地区有 $(1-\pi)/2$ 的农民；而工人可以搬迁到能够给他们提供较高实际工资的地方。

假设农民在规模收益不变的条件下生产产品。制造业中的规模经济用线性成本函数表示，在这个线性成本函数中，固定成本用制造业中使用的劳动量表示，厂商为了生产任何一种制造品必须负担该固定成本：

$$L_{Mi} = \alpha + \beta x_{Mi} \tag{A.3}$$

最后，我们假设在两个地区之间运输制造品是有成本的。运输成本以所谓萨缪尔森的"冰川"(Samuelson's iceberg)这样一种方式予以计算，也就是说，对于每一件被运输的产品，只有一部分能够被运抵目的地（这样，运输成本实际上是从该件产品中被扣除了）。我们令 τ（$\tau<1$）为每一件制造品实际被运抵的部分。为使分析过程更为简便，假设农产品的运输没有成本，这样就能保

证农民的工资率和农产品的价格在两个地区都相等。

定价和竞争

因为存在着大量潜在的制造品，而且每种制造品的生产又都存在规模经济，所以任何两家厂商都没有理由去试图生产相同的产品，制造业的市场结构因此也就是垄断竞争型的。

任意一种产品的制造商所面临的需求弹性为 σ，因此，制造商在利润最大化条件下的产品定价应该是在边际成本基础上的一个固定加成：

$$p_i = \frac{\sigma}{\sigma-1}\beta w \qquad (A.4)$$

其中 w 是制造业工人的工资率。

如果厂商可以自由进入制造业，那么利润就将被摊薄至零。零利润条件可以写为：

$$(p-\beta w)x = \alpha w \qquad (A.5)$$

注意，当利润为零的时候，价格等于平均成本。不过，这也意味着平均成本与边际成本的比率（这是规模经济的一个度量指标）是 $\sigma/(\sigma-1)$。这样，在均衡状态下，规模经济只是 σ 的函数，因此，尽管 σ 是衡量喜好（而非技术）的一个参数，但是它却可以当作衡量收益递增重要性的逆指标（inverse index）。

零利润条件和定价条件在一起表明一个代表性制造

附录 A 中心—外围模型

业厂商的产出是：

$$x = \frac{\alpha(\sigma-1)}{\beta} \quad (A.6)$$

考虑有这样一个地区，在那里有 L_M 个工人，他们都是常驻劳动力。这个地区生产的制造品的数量就是：

$$n = \frac{L_M}{\alpha + \beta x} = \frac{L_M}{\alpha \sigma} \quad (A.7)$$

中心—外围格局的可持续性

现在问这样一个问题：如果所有的制造业都集中在一个地区，而在另一个地区只有农业，那么这种情形会是一种均衡状态吗？由于将哪一个地区选择为产业聚集地无关紧要，所以我们在考察均衡状态的可持续性的时候，把东部地区当作是制造业中心地区，而把西部地区当作是农业外围地区。

正如我们很快就会看到的那样，有两股"向心"力会使制造业中心存在下去，同时有一股"离心"力会使制造业中心分崩离析。促使制造业聚拢的力量是：（1）厂商们希望落户于那些接近大型市场的地方；（2）工人们希望能够更加方便地获得由其他工人生产的商品。我们可以认为，这两股力量分别对应于赫希曼（1958）提出的后向关联和前向关联这两个概念。促使制造业中心分崩离析的力量是厂商们希望搬离制造业中心以便为外围农业市场提供服务。我们接下来将要做的是推导出一个准则，进而通过这个准则来判定后向关联和前向关联是否强劲到足以使已经建立起来的产业中心得以为继。

请注意，我们选择了计量单位，还假设工人和农民的工资率相等，我们就从这些给定的条件开始。也就是说，在支出中，有 π 这么多的份额是花在制造品上的（其中包括"融化"在运输途中的那些商品），并且（由于利润为零）支出份额 π 最终会成为工人的工资；但是，在选择计量单位时，我们还使得人口中的 π 部分为工人。因此，在给定计量单位选择的情况下，工资率必然相等。

现在我们要问：这两个地区的收入对比将会怎样？东部地区拥有半数农民和全部工人，农民获得总收入中的 $(1-\pi)/2$ 份额，工人获得总收入中的 π 份额。令总收入为单位1，因此，东部地区的收入就是：

$$\Upsilon^E = \frac{1+\pi}{2} \tag{A.8}$$

另一方面，西部地区只拥有不能流动的农民，他们获得的收入份额是 $(1-\pi)/2$；这样，西部地区的收入就是：

$$\Upsilon^W = \frac{1-\pi}{2} \tag{A.9}$$

附录 A 中心—外围模型

如果任何一个厂商在进入西部地区之后都无利可图，那么所有的制造业就都会聚集在东部地区，而且这种情形会一直持续下去。因此，我们就必须确定，对于单个厂商来说，"叛逃"（也就是到西部地区设厂生产）是否有利可图。

令 n 是当前在东部地区开工生产的厂商的数量（假设这个数量很大），于是，其中每家厂商的销售额就是：

$$s^E = \frac{\pi}{n} \qquad (A.10)$$

如果一家厂商试图在西部地区开工生产，那么它就需要吸引到工人。为了做到这一点，这家厂商所支付的工资就需要比东部地区厂商所支付的工资更高，因为所有的制造品（除了由它自己生产并且也是微不足道的那些产品以外）都必须进口。回忆一下，对于一件输入的商品来说，只有 τ 部分能够到达目的地。因此，西部地区制造品的价格就将是东部地区制造品价格的 $1/\tau$ 倍，而总价格指数（它是制造品价格和农产品价格的几何平均数）则是东部地区总价格指数的 $\tau^{-\pi}$ 倍。为了吸引到工人，"叛逃"至西部地区的厂商所支付的工资必须与那些在东部地区已经开业的厂商所支付的实际工资（real wage）一致，所以这家厂商在西部地区支付的名义工资（nominal wage）就是其在东部地区所付工资的

$\tau^{-\pi}$倍。

但是,由于厂商索要的价格是其边际成本的一个固定加成,而边际成本又与工资成比例,所以一家新到西部地区开业的厂商索要的价格将会超过在东部地区已经营业的厂商索要的价格,其比率是:

$$p^W = p^E \tau^{-\pi} \tag{A.11}$$

因为存在运输成本,所以消费者面临的价格与厂商索要的价格有所不同。对于东部地区的一个消费者来说,来自西部地区的一件商品的相对价格要比式(A.11)所示的价格高 $1/\tau$,也就是说,消费者所面临的相对价格是 $p^W/\tau p^E$。而对于西部地区的一个消费者来说,正是来自东部地区的商品需要负担运输成本,所以对于这个消费者而言,来自东部地区的这件商品的相对价格就是 $\tau p^W/p^E$。

西部地区商品的相对价格每下降1%,就会使得该商品的消费相对于一件东部地区代表性商品的消费减少 σ%。然而,因为存在价格上涨,所以更高的价格会使得相对支出(relative expenditure)只减少 $(\sigma-1)$%。我们可以利用这个结果来推导出一家"叛逃"至西部地区的厂商的销售额。如果考虑到东部地区和西部地区的收入,那么这家"叛逃"至西部地区的厂商的销售额就是:

附录 A 中心—外围模型

$$s^W = \frac{\pi}{n}\left[\frac{1+\pi}{2}\left(\frac{p^W}{p^E\tau}\right)^{-(\sigma-1)} + \frac{1-\pi}{2}\left(\frac{p^W\tau}{p^E}\right)^{-(\sigma-1)}\right]$$

(A.12)

让我们将上述销售额表示成相对销售额，即该销售额相对于已经在东部地区营业的一家典型厂商的销售额，也就是用上式除以式（A.10），我们得到：

$$\frac{s^W}{s^E} = \frac{1+\pi}{2}\tau^{(1+\pi)(\sigma-1)} + \frac{1-\pi}{2}\tau^{-(1-\pi)(\sigma-1)}$$

(A.13)

现在，厂商将会在边际成本的基础上再索要一个固定的加成，因此，厂商会赚取一份营业盈余，这份营业盈余是销售额的一个固定份额。因此，乍看上去就是，当且仅当 $s^W/s^E > 1$ 时，厂商"叛逃"至西部地区才有利可图。但是，这并不完全正确，因为固定成本必须要由营业利润来弥补，并且要由劳动来负担，因此，对于一个"叛逃"至西部地区的厂商来说，其固定成本也就要高出 $\tau^{-\pi}$。所以，若使厂商"叛逃"至西部地区有利可图，只有当：

$$s^W/s^E > \tau^{-\pi}$$

(A.14)

这样，我们定义一个新的变量 K，它等于 $\tau^{-\pi}s^W/s^E$[1]，则有：

---

[1] 原文如此。疑误，似应为 $\tau^\pi s^W/s^E$。——译者注

$$K=\frac{\tau^{\pi\sigma}}{2}\bigl[(1+\pi)\tau^{\sigma-1}+(1-\pi)\tau^{-(\sigma-1)}\bigr] \quad (A.15)$$

如果 K 大于 1，那么在西部地区开工生产就有利可图；而只有当 $K<1$ 时，一个中心—外围的均衡状态才会持续下去。

正如我们看到的那样，K 作为一个指数，依赖于上述模型中的三个参数：π，即支出中用于制造品消费的份额；τ，即运输成本的一个反向衡量；σ，它与均衡的规模经济负相关。接下来，我们就要阐明这种依赖关系的本质。

均衡性质的决定因素

K 的作用是它定义了一个边界，即它定义了一组数值，这组数值刚好可以使一个中心—外围格局持续下去。为了描摹出这个边界，我们需要评估当各个参数在 1 附近取值的时候，K 所具有的性质，也就是如果某一个参数在 1 附近变化，其他两个参数需要如何变化才能保持 K 不变？

最容易评估的参数是支出中用于制造品消费的份额 π。我们发现：

$$\frac{\partial K}{\partial \pi}=\sigma K\ln(\tau)+\tau^{\sigma\pi}\bigl[\tau^{\sigma-1}-\tau^{-(\sigma-1)}\bigr]<0 \quad (A.16)$$

π 的增加对 K 的影响肯定是负向的，也就是说，制造品在收入中的份额越高,就越有可能促成一个中心—外围格局。其原因有两点,均表现在式(A.16)的两项当中。第一,"叛逃"至西部地区的厂商必须支付的工资溢价(这引发了前向关联)会变得更高。第二,中心市场的相对规模(这引发了后向关联)也会变得更大。

接下来考虑运输成本的影响。通过检查式(A.15),我们可以看出:第一,当 $\tau=1$ 时,$K=1$,也就是当运输成本为零时,区位已无关紧要;第二,当 τ 非常小的时候(此时,运输成本非常高),K 趋向于:

$$\lim K_{\tau \to 0} = \frac{1}{2}\tau^{1-\sigma(1-\pi)} \qquad (A.17)$$

除非 σ 很小(规模经济十分显著),或者 π 很大,否则,当 τ 较小时,(A.17)式就会变得相当大。让我们暂时假定 $\sigma(1-\pi)>1$,另一种情况的经济意义很快就会显现出来。

最后,我们将式(A.15)对 τ 求微分:

$$\frac{\partial K}{\partial \tau} = \frac{\sigma \tau K}{\tau} + (\sigma-1)\frac{\tau^{\sigma\pi}}{2}\left[(1+\pi)\tau^{\sigma-2}-(1-\pi)\tau^{-\sigma}\right]$$

$$(A.18)$$

尽管式(A.18)的符号一般是不明确的,但是当 τ 接近于 1 的时候,式(A.18)的第二项,从而整个表达式,总是正的。

111   把这些观察放在一起，我们就得到 K 关于 τ 的一个函数，这个函数的形状如图 A.1 所示。当 τ 取值较小时，K 大于 1；在运输成本的某个临界水平，K 下降到 1 以下；然后再从下方趋近于 1。只有在 τ 取值较大的区间内，也就是在运输成本相对较低时，一个中心—外围格局才是可持续的。我们还注意到，在 τ 的临界值附近，K 对 τ 的微分是负的。

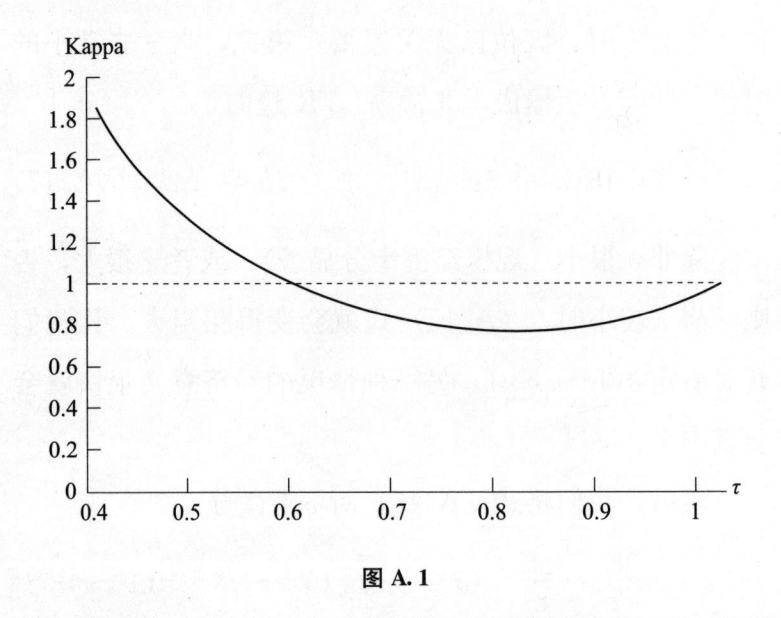

图 A.1

现在，$\sigma(1-\pi)<1$ 的情形也可以得到解释了。在这种情形下，规模经济非常显著，并且制造业的份额非常大，以至于即便运输成本很高，工人们也会在拥有较大规模制造业部门的地区获得较高的实际工资。

112   最后，我们来讨论 σ 的影响。我们发现：

附录 A 中心—外围模型

$$\frac{\partial K}{\partial \sigma} = \pi K \ln(\tau) + \frac{\tau^{\pi\sigma}}{2}(\sigma-1)\ln(\tau)[(1+\pi)\tau^{\sigma-1} - (1-\pi)\tau^{-(\sigma-1)}] \quad (A.19)$$

通过将式（A.19）与式（A.18）进行对比，我们发现，如果 K 对 τ 的微分是负的，由于这种情形必然处在边界附近，那么 K 对 σ 的微分就必然是正的。

现在，我们可以考察边界的形状了。首先，我们保持 σ 不变，将 τ 当作 π 的函数并画出函数图线。我们知道：

$$\frac{\partial \tau}{\partial \pi} = -\frac{\partial K/\partial \pi}{\partial K/\partial \tau} < 0 \quad (A.20)$$

这样，在 (π, τ) 空间中，边界的形状是向下倾斜的，如图 A.2 所示。根据前述讨论，这条边界必然与纵轴在 $\tau=1$ 处相交，与横轴在 $\pi=(\sigma-1)/\sigma$ 处相交。

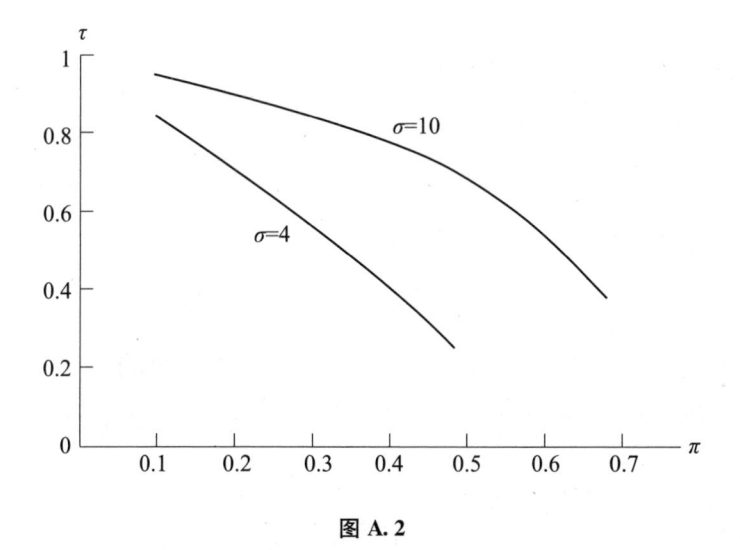

图 A.2

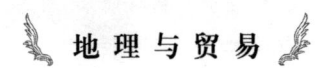

如果 σ 增大,那么这条边界将会向外移动。我们知道:

$$\frac{\partial \pi}{\partial \sigma} = -\frac{\partial K/\partial \sigma}{\partial K/\partial \pi} > 0 \qquad (A.21)$$

所以,σ 的增加(这代表规模经济的重要性下降)会使边界向右移动,这种情形会使得一个中心—外围格局更加难以为继。

因此,我们看到,上述正式模型从根本上证实了第一讲中以较为粗略的方式叙述的故事。一个地区崛起成为制造业中心地区,而另一个地区演变成为农业外围地区,这样一种格局取决于由三个因素所构成的某种组合,这三个因素分别是:显著的规模经济、较低的运输成本以及制造品消费在支出中占有较大份额。

附录 B　历史和预期

在第一讲中，当讨论变迁过程的时候，我们不可避免地谈到了预期这个问题。假设由规模经济和运输成本的交互作用所导致的外部经济实际上非常显著，以至于它能够生成一个中心—外围格局，那么哪个地区将会崛起成为产业中心地区呢？我们很自然地会假设那个在工业化进程中取得先行一步优势的地区将会演变成为产业中心地区，但在稍加思索之后我们就会发现，这个假设未必正确。因为如果每一个人出于某种原因都相信另一个地区将演变成为产业中心地区，并且根据这个信念又都迁移到该地区，那么这就将是一个自我应验的预言。

因此，我们需要考虑在决定中心与外围的区位时，"历史"（也就是初始条件）和"预期"（自我应验的预言）究竟哪一个更加重要。

在本附录中，我将就上述问题提供一个具有启发意义的方法，这个方法来源于我在1991年发表的一篇论文（Krugman，1991b[1]）。按理说，这里所做的分析最好能将在附录A中建立起来的那个正式的中心—外围模型直接予以动态化。但是，这在实践中很难做到。为了使问题易于处理，我们有必要做出线性假设，但是，严格来讲，这种线性假设与附录A中的模型是不一致的。然而，该模型的基本属性在这里仍旧得以保留，而且人们可以期待这种方法能够带来一些有用的见解。

既然如此，我们就来考虑这样一个经济体，它由两个地区组成。有一种生产要素，即工人，他们可以在两个地区之间迁移。我们并不直接将外部经济予以模型化，而是仅仅假设地区1和地区2之间的实际工资差距会随着落户在地区1的劳动力总量L[2]在全国劳动力总量中份额的增加而增加：

$$w_1 - w_2 = \alpha(L_1 - \overline{L_1})　[3] \tag{B.1}$$

一个自然的临时性假设是劳动力会向提供较高实际工资率的地区迁移，而且这个简单假设实际上就是在第

---

[1] 原文如此。疑误，似应为本书参考文献中的 Krugman (1991c)。——译者注
[2] 原文如此。疑误，似应为 L_1。——译者注
[3] 原文如此。疑误，式中的 $\overline{L_1}$ 似应为 $\overline{L}$。——译者注

一讲中讨论问题以及绘制图形时所用到的假设。然而,就当前的目标来说,我们假设那些潜在移民的行为更为复杂。首先,我们假设工人的迁移是有成本的,这个迁移成本是总的工人迁移率(aggregate rate of movement)的凸函数。这样,工人的总收入就等于其工资减去迁移成本,并且我们假设该迁移成本以二次项的形式出现在方程中:

$$Y = w_1 L_1 + w_2 L_2 - \frac{1}{2\gamma}(\dot{L}_1)^2 \tag{B.2}$$

其次,我们假设工人们是有远见的。也就是假设工人们对于两个地区实际工资的未来走势有着完美的预见,这就使得他们能够计算身处一个地区时的状态相对于身处另一个地区时的状态的现值(present value)。令 r 为贴现率(这里,我不想尝试让这个模型自始至终都把贴现率当作是内生变量),于是,在任意的时点 t,身处地区 1 相对于身处地区 2 的现值(这个现值可以看成是一种资产,尽管它可能是负值)就是:

$$q(t) = \int_t^\infty [w_1(\tau) - w_2(\tau)] e^{-r(\tau - t)} d\tau \tag{B.3}$$

我们现在可以讨论工人迁移的动态学了。工人的迁移率应使迁移至地区 1 的边际成本与改变工作地点所带来的收益相等。这意味着:

$$\dot{L}_1 = \gamma q \qquad (B.4)$$

对式（B.3）求微分（或者考虑一下标准的资产定价模型），我们可以得到：

$$\dot{q} = rq - (w_1 - w_2) = rq - \alpha(L_1 - \bar{L}) \qquad (B.5)$$

方程（B.4）和（B.5）定义了一个关于 q 和 L_1 的动态系统。这个系统的运动规则如图 B.1 所示。很显然，该图中间位置的均衡状态是不稳定的，随着时间的推移，这个系统必定会收敛到点 1（全部的劳动力都聚集在地区 1），或者收敛到点 2（全部的劳动力都聚集在地区 2）。如果给定劳动力一个初始分配，那么"资产价格" q 将会激增到某一个水平，从而将经济带到通往一种均衡状态或者另一种均衡状态的路径上去。这样一个演变路径将会是一种均衡状态，因为根据我们构建的模型，经济主体的预期事实上被证明是正确的。但是，这个经济体会遵循哪一条演变路径呢？它又会收敛到哪一个地区呢？

由式（B.4）和式（B.5）构成的微分方程组有两个根，它们分别是：

$$\lambda_1 = \frac{r + \sqrt{r^2 - 4\alpha\gamma}}{2}$$

$$\lambda_2 = \frac{r - \sqrt{r^2 - 4\alpha\gamma}}{2} \qquad (B.6)$$

附录 B 历史和预期

这两个根要么均为正根，要么均为复根。这两类根区分了两种不同性质的情形。

如果这两个根均为正根，那么该经济体所遵循的演变路径最多只能有一次方向逆转。这样，仅有的两条通往长期均衡的路径（其运动规则与图 B.1 的运动规则是一致的）如图 B.2 所示。

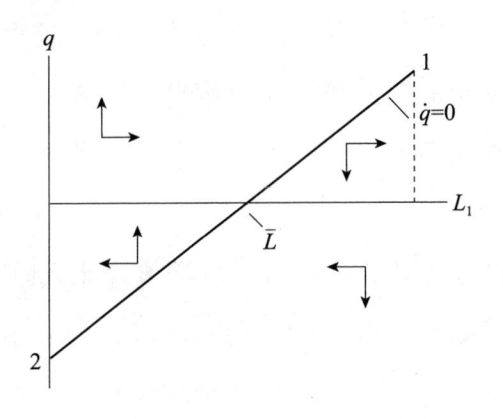

图 B.1

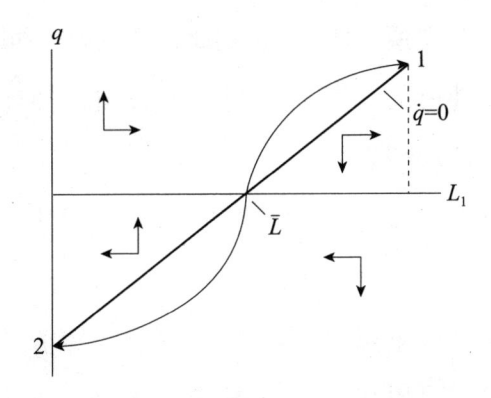

图 B.2

图 B.2 的经济解释是,劳动力最终会聚集到任何在开始时就拥有更多工人的地区。在这里,预期具有的唯一功能是强化历史所起到的作用。假设地区 1 在开始的时候拥有更多的工人,于是,那些正在考虑迁移的工人们将意识到,地区 1 会吸引更多的工人迁入,这样,地区 1 较地区 2 所具有的优势将因此得以加强。于是,工人们将为身处地区 1 赋予一个较大的值,这个值比两地当前工资差距的现值还要大,因此,工人们会迁移得更快。这反映在图 B.2 中就是,S 型曲线比相同实际工资下的线更为陡峭。

如果两个根均为复根,又将会出现什么样的情形呢?因为这两个复根都有正的实部,所以任何一条路径都将从中间的那个奇点向外螺旋式地伸展出去。在长期,L_1 要么是 0,要么是劳动力总量 L;而 q 是该劳动力配置下工资差距的贴现值。因此,如图 B.3 所示,可能的路径是两条螺旋伸展的手臂,它们从中心向外伸展至可能存在的两个长期均衡点。

这幅具有高度艺术性的图形告诉我们什么呢?我们不需要太过关注图中的螺旋形状,其原因很快就会明了。我们需要关注的重点是,L_1 存在一个初始值区间,从这个区间出发,可以到达两个长期均衡点中的任何一个。如果 L_1 的起点位于两条螺旋线重叠区域中的任何一处,

附录 B 历史和预期

那么至少就会存在一条自我应验预言式的路径，通过它就可以到达两个长期均衡点中的任何一个。换言之，我们可以从这样一种情形出发，比如说，60%的制造业分布在地区 1，同时每一个人又都预期地区 2 将崛起成为产业中心地区，其结果是，由基于这种信念的个人所采取的理性行为将在实际上证实这个预期。

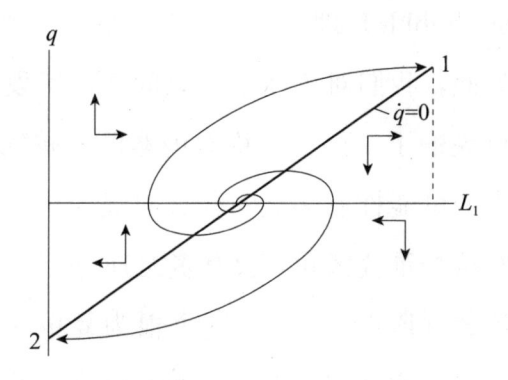

图 B.3

对于某个劳动力配置区间来说，如果从这个区间出发，可以到达两个长期均衡点中的任何一个，那么我们就称该区间为"重叠区间"（overlap）。很显然，如果存在这样一个重叠区间，而且 L_1 位于这个区间内，那么这个模型基本上就处于不确定的状态。这种不确定性实际上比其乍看起来要糟糕得多。正如我们在图 B.3 中所见到的那样，如果给定 L_1 在重叠区间中的一个初始值，那么在每一个方向上都存在若干条引导路径，而且我们没有理由将经济体约束在某些确定的演化路径上。事实上，一个经济体可以有若干条随机演化路径，在这些路径上，工人们可以给 q 的离散型跳跃赋予某个概率，而这就有可能导致劳动力迁移方向的突然逆转。从本质上说，当我们讨论上述重叠区间的时候，我们实际上是在讨论货币理论家们所钟爱的太阳黑子（sunspot）理论和理性泡沫（rational bubble）理论。

既然如此，我们对于在重叠区间之内所发生的情形就没什么可说的了。但是，我们仍然可以质问，这种奇怪情形发生的可能性有多大？什么时候会出现这样一个重叠区间？这个重叠区间又会有多大？

只有当式（B.6）所示的两个根为复根时，重叠区间才能存在。因此，这就为我们判断重叠区间是否存在提供了一个准则：

$$r^2 < 4\alpha\gamma \qquad (B.7)$$

这个准则有着明确的经济含义。首先，如果贴现率较低，那么重叠区间出现的可能性就会较大；此时，人们更加看重的是未来的工资差距（这取决于他们对别人行为的预期），而不是当前的工资差距。其次，如果外部经济显著，那么重叠区间就会出现；此时，人们会希望自己所做的事情与所有其他人做的事情都一样。最后，也是最重要的，如果在两个地区之间重新配置资源的速度很快，那么

附录 B 历史和预期

重叠区间就会出现；此时，预期能够自我应验。

这些决定重叠区间是否存在的因素，也决定了重叠区间的大小，也就是决定了初始条件的取值区间。在这个取值区间内，自我应验的预期能够存在，它会导致经济体朝着两个方向中的任何一个收敛。尤其是随着调整的速度越来越快，重叠区间会越来越大，并且最终会涵盖整个空间。

上述模型有什么现实意义呢？我想其意义是，对于较大层面的中心—外围问题来说，历史惯例和预期对一个中心—外围格局的形成充其量只是起到了推波助澜的作用。资本和劳动在地区间流动的速度实在是太慢了，以至于我只能这样认为：我不相信像阳光地带[1]的兴起（the rise of the sunbelt）这样的事件会在很短的时间内发生，因此我也就不相信它能够被算作是自我应验的预言。

然而，对于一些小型事件来说，我就不能这样铁口直断了。而对于一些单个的城市，甚至或许是一些稍大的地区，它们的兴盛和衰落可能有时候真的就是自我应验的乐观预期和悲观预期的结果。

---

[1] 阳光地带，指从美国东南部一直延伸到西南部的大片地域，大致是北纬36度以南的区域，包括南卡罗来纳州、佐治亚州、佛罗里达州、得克萨斯州、亚利桑那州、加利福尼亚州南部等。该地区气候温暖，农业繁荣。——译者注

附录 C 劳动市场共享

123 在第二讲中,我列举了一些例子(这些例子都包含有两个厂商)并且把讨论的焦点都集中在工资是预先设定的这样一种情形上,其目的是试图说明针对专业技术劳动的市场共享能够带来好处。为了说明这种一般性的观点在更大的范围内仍然适用,在本附录中,我将给出一个略有差别的模型。在这个模型中,我们允许厂商的数量可以更多,并且我们假设劳动市场总是出清的。

于是,我们假设有许多厂商。而且,我们给每一家厂商赋予一个收益函数,在这个函数中,劳动是唯一的实际参数。同时,考虑到正文中的例子,我们假设该收益函数是一个二次函数,并且对于每家厂商的劳动的边际产品都存在特定的附加性冲击:

附录C 劳动市场共享

$$R_i = \alpha + (\beta + \varepsilon_i)L_i - \frac{\gamma}{2}L_i^2 \tag{C.1}$$

我们忽略厂商在劳动市场上充当垄断买方的可能性,这样,每家厂商只是使其劳动的边际产品与工资率相等:

$$w = \beta + \varepsilon_i - \gamma L_i \tag{C.2}$$

这意味着每家厂商的劳动需求函数是:

$$L_i = \frac{\beta + \varepsilon_i - w}{\gamma} \tag{C.3}$$

我们假设在厂商的落户地劳动市场是出清的:

$$\sum_{i=1}^{n} L_i = L \tag{C.4}$$

其中,n是厂商的数量。

工资率取决于工人的数量、厂商的数量以及单个厂商所经历的冲击:

$$w = \beta - \frac{\gamma L}{n} + \frac{1}{n}\sum_i \varepsilon_i \tag{C.5}$$

现在,让我们假设这些厂商所经历的冲击互不相关,冲击的方差为σ^2。于是,我们首先可以证明的是,预期的工资率仅仅取决于劳动力人数与厂商数量之比:

$$Ew = \beta - \frac{\gamma L}{n} \tag{C.6}$$

这样,预期工资的方差就取决于厂商的数量:

$$\mathrm{var}(w) = \frac{\sigma^2}{n} \tag{C.7}$$

工资与针对特定厂商的冲击之间的协方差也取决于厂商的数量:

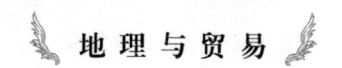

$$\mathrm{cov}(w, \varepsilon_1) = \frac{\sigma^2}{n} \tag{C.8}$$

厂商的利润是其收益减去其工资成本:

$$\pi_i = R_i - wL_i \tag{C.9}$$

根据式(C.1)、(C.5)和(C.9),我们就能求解出某一家厂商的利润,该利润是 L、n 以及针对特定厂商的冲击的函数;然后,经过繁冗的迭代,我们就能得到简洁得令人惊奇的预期利润的表达式:

$$E\pi = \alpha + \frac{1}{\gamma}\left(\frac{L}{n}\right)^2 + \frac{1}{2}\frac{n-1}{n}\sigma^2 \tag{C.10}$$

现在,我们有了预期工资和预期利润的表达式,它们是落户于给定地区的厂商数量和工人数量的函数。

现在,假设有两个地区,地区 1 和地区 2,同时,假设厂商和工人都可以自由地选择在哪一个地区落户。厂商的总数量是 n,其中,有 n_1 家厂商落户于地区 1,n_2 家厂商落户于地区 2。相似地,在总量为 L 的工人中,有 L_1 个工人落户于地区 1,L_2 个工人落户于地区 2。可能出现的均衡状态会是什么样子呢?

附录 C 劳动市场共享

当然，有一种均衡状态是厂商和工人在两个地区之间平均分配，这在图 C.1[1] 中用标记为 1 的点来表示。然而，这并不是一种稳定的均衡状态。

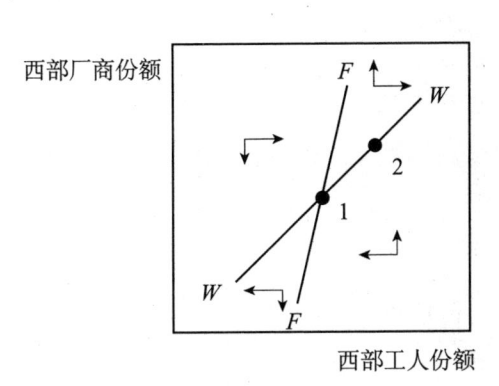

图 C.1

为了弄清楚为什么是这样，我们分别画出厂商和工人在两个地区之间的无差异曲线。对于工人来说，预期工资很显然仅仅取决于厂商和工人的数量之比，因此，工人的无差异曲线 WW 就是一条斜率为 L/n 的直线。

对于厂商来说，我们首先注意到位于地区 1 的厂商和位于地区 2 的厂商的利润之差是：

$$\pi_1 - \pi_2 = \frac{1}{\gamma}\left[\left(\frac{L_1}{n_1}\right)^2 - \left(\frac{L_2}{n_2}\right)^2\right] + \frac{1}{2}\sigma^2\left[\frac{n_1-1}{n_1} - \frac{n_2-1}{n_2}\right] \quad \text{(C.11)}$$

---

[1] 图中"西部"应该指的就是地区 1。——译者注

在 $n_1=n_2$、$L_1=L_2$ 附近，将厂商和工人重新分配到地区 1 的结果是：

$$\frac{d(\pi_1-\pi_2)}{dL_1}=\frac{4}{\gamma}\frac{L}{n^2}>0 \qquad (C.12)$$

并且

$$\frac{d(\pi_1-\pi_2)}{dn_1}=-\frac{4}{\gamma}\frac{L^2}{n^3}-\frac{1}{2}\sigma^2\frac{1}{n_1^2}<0 \qquad (C.13)$$

通过上述结果，我们立刻就能看到，当 $\pi_1=\pi_2$ 时无差异曲线如图中线 FF 所示，它是向上倾斜的。直接通过式（C.12）和（C.13），我们就能很容易地说明线 FF 比线 WW 更为陡峭，或者也可以通过图示的方法来说明这一点，而且我发现这样做更加有用。考虑图 C.1 中的点 2，在该点，两个地区的厂商与工人数量比相同，但地区 1 拥有更多数量的厂商和工人。这样，从式（C.10）可以很清楚地看出，厂商落户于地区 1 将会更加有利可图。因此，在该点，线 FF 一定位于线 WW 的上方。

现在，大功告成。假设工人们会迁往能够为其提供较高预期工资的地方，而厂商会迁往能够为其带来较高预期利润的地方。这样，模型的动态过程如图 C.1 中箭头所示。点 1 显示的是一种不稳定的状态，这个系统最终会被推到图中的某个拐角，此时，所有的厂商和工人都会聚集在一个地区或者另一个地区。

附录 D 区位基尼系数

下表列示了美国三位数产业的"区位基尼系数"(locational Gini coefficients)，其中的概念和计算方法已经在正文中做了解释。表格中包括以下信息：

1. 按区位基尼系数对产业做的排序；
2. 产业代码；
3. 产业名称；
4. 基尼系数；
5. 在该产业就业最多的前三个州。

排序	产业代码	产业名称	基尼系数	主要的州
1	303	再生橡胶 (Reclaimed rubber)	0.5	怀俄明、威斯康星、西弗吉尼亚

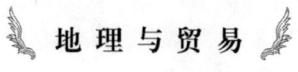

续前表

排序	产业代码	产业名称	基尼系数	主要的州
2	313	靴和鞋的各种组成部分（Boot and shoe cut stock & findings)	0.482 845	缅因、密苏里、马萨诸塞
3	315	皮制分指手套和连指手套（Leather gloves and mittens)	0.482 33	威斯康星、纽约、怀俄明
4	222	纺织厂，合成纤维（Weaving mills, synthetics)	0.476 676	佐治亚、南卡罗来纳、北卡罗来纳
5	237	皮毛类制品（Fur goods)	0.468 169	纽约、怀俄明、威斯康星
6	223	纺织和精加工厂，毛织品（Weaving and finishing mills, wool)	0.451 512	缅因、罗得岛、新罕布什尔
7	221	纺织厂，棉织品（Weaving mills, cotton)	0.443 084	南卡罗来纳、佐治亚、北卡罗来纳
8	319	皮革制品，其他类（Leather goods, nec)	0.442 542	得克萨斯、马萨诸塞、加利福尼亚
9	227	地板覆盖物制品厂（Floor covering mills)	0.432 963	佐治亚、南卡罗来纳、弗吉尼亚
10	228	纱厂和线厂（Yarn and thread mills)	0.428 421	北卡罗来纳、佐治亚、南卡罗来纳
11	386	摄影器材及相关用品（Photographic equip. & supplies)	0.428 276	科罗拉多、明尼苏达、俄克拉何马
12	277	贺卡发行（Greeting card publishing)	0.427 133	阿肯色、堪萨斯、密苏里
13	224	窄幅织物厂（Narrow fabric mills)	0.423 601	罗得岛、新罕布什尔、北卡罗来纳

附录 D 区位基尼系数

续前表

排序	产业代码	产业名称	基尼系数	主要的州
14	385	眼科用品（Ophthalmic goods）	0.414 319	亚利桑那、罗得岛、马萨诸塞
15	376	制导式导弹，航天器及零部件（Guided missiles, space veh., parts）	0.411 017	加利福尼亚、犹他、亚利桑那
16	374	铁路设备（Railroad equip.）	0.410 767	宾夕法尼亚、伊利诺伊、西弗吉尼亚
17	226	纺织品精加工（毛织品除外）(Textile finishing, except wool)	0.410 014	南卡罗来纳、北卡罗来纳、罗得岛
18	304	橡胶和塑料的管状和袋状制品（Rubber and plastics hose & belting）	0.408 587	内布拉斯加、科罗拉多、俄亥俄
19	235	男帽和女帽（Hats, caps, and millinery）	0.407 575	艾奥瓦、密苏里、纽约
20	316	箱包（Luggage）	0.404 685	罗得岛、科罗拉多、田纳西
21	302	橡胶鞋和塑料鞋（Rubber and plastics footwear）	0.402 163	缅因、新罕布什尔、马里兰
22	396	人造珠宝和小饰品（Costume jewelry and notions）	0.400 823	罗得岛、康涅狄格、内布拉斯加
23	391	珠宝、银器和镀层器皿（Jewelry, silverware, & plated ware）	0.397 361	罗得岛、犹他、新墨西哥
24	375	摩托车、自行车和零部件（Motorcycles, bicycles, & parts）	0.396 409	内布拉斯加、田纳西、俄克拉何马
25	387	手表、时钟和表壳（Watches, clocks, & watchcases）	0.388 946	阿肯色、康涅狄格、密西西比

续前表

排序	产业代码	产业名称	基尼系数	主要的州
26	311	皮革和皮革制品（Leather and leather products）	0.387 232	缅因、新罕布什尔、威斯康星
27	317	手提包和其他个人皮革制品（Handbags & other per leather gds）	0.379 857	纽约、罗得岛、马萨诸塞
28	333	初级有色金属（Primary nonferrous metals）	0.366 064	蒙大拿、新墨西哥、华盛顿
29	225	针织厂（Knitting mills）	0.365 623	北卡罗来纳、田纳西、弗吉尼亚
30	373	船舶建造和修理（Ship & boat bldg & repairing）	0.363 088	密西西比、佛罗里达、缅因
31	372	飞机和零部件（Aircraft and parts）	0.352 313	堪萨斯、康涅狄格、内华达
32	393	乐器（Musical instruments）	0.345 101	密西西比、阿肯色、印第安纳
33	253	公共建筑和相关家具（Public bldg & related furniture）	0.344 445	阿肯色、康涅狄格、密西西比
34	379	杂项运输设备（Misc. transportation equipment）	0.326 485	印第安纳、NB[1]、密歇根
35	352	农用和花园用机械（Farm and garden machinery）	0.324 905	北达科他、艾奥瓦、内布拉斯加
36	272	杂志（Periodicals）	0.324 702	哥伦比亚特区、纽约、伊利诺伊

---

[1] 因译者能力所限，未找到有关该缩写对应地理名称的可信资料。——译者注

附录 D 区位基尼系数

续前表

排序	产业代码	产业名称	基尼系数	主要的州
37	287	农用化学品（Agricultural chemicals）	0.324 638	爱达荷、路易斯安那、佛罗里达
38	383	光学仪器和透镜（Optical instruments & lenses）	0.323 826	新罕布什尔、马萨诸塞、康涅狄格
39	301	外轮胎和内轮胎（Tires and inner tubes）	0.320 952	俄克拉何马、亚拉巴马、艾奥瓦
40	365	收音机和电视接收设备（Radio & tv receiving equipment）	0.320 622	田纳西、阿肯色、密苏里
41	282	塑料材料和塑料合成物（Plastics materials & synthetics）	0.319 335	特拉华、南卡罗来纳、弗吉尼亚
42	348	其他军械和附件（Ordinance & accessories, nec）	0.316 472	佛蒙特、内华达、明尼苏达
43	334	再生有色金属（Secondary nonferrous metals）	0.310 073	南卡罗来纳、亚拉巴马、印第安纳
44	286	工业有机化学品（Industrial organic chemicals）	0.309 039	西弗吉尼亚、路易斯安那、得克萨斯
45	314	鞋类（橡胶鞋除外）（Footwear, except rubber）	0.308 738	缅因、新罕布什尔、密苏里
46	351	发动机和涡轮机（Engines and turbines）	0.305 607	威斯康星、马里兰、密歇根
47	331	高炉和基本钢制品（Blast furnace & basic steel pdts）	0.303 562	西弗吉尼亚、印第安纳、宾夕法尼亚
48	229	杂项纺织品（Miscellaneous textile goods）	0.303 407	罗得岛、南卡罗来纳、缅因

续前表

排序	产业代码	产业名称	基尼系数	主要的州
49	371	机动车辆和设备（Motor vehicles & equipment）	0.302 518	密歇根、俄亥俄、特拉华
50	395	钢笔、铅笔、办公和艺术用品（Pens, pencils, & office & art supplies）	0.301 66	罗得岛、艾奥瓦、新泽西
51	236	儿童外衣（Children's outerwear）	0.296 566	南卡罗来纳、缅因、罗得岛
52	339	杂项初级金属制品（Misc primary metal products）	0.293 852	密歇根、康涅狄格、印第安纳
53	234	女士内衣和儿童内衣（Women's & children's undergarments）	0.292 174	亚拉巴马、密西西比、佐治亚
54	232	男士服饰和男童服饰（Men's & boys' furnishings）	0.289 464	密西西比、亚拉巴马、佐治亚
55	357	办公机械和计算机（Office & computing machines）	0.283 499	明尼苏达、亚利桑那、科罗拉多
56	231	男士和男童的套装和外套（Men's & boys' suits & coats）	0.281 515	宾夕法尼亚、马里兰、佐治亚
57	281	工业无机化学品（Industrial inorganic chemicals）	0.278 271	夏威夷、田纳西、内华达
58	363	家用电器（Household appliances）	0.274 11	南达科他、田纳西、艾奥瓦
59	381	工程和科学仪器（Eng & scientific instruments）	0.266 791	特拉华、亚利桑那、华盛顿
60	238	杂项服饰和附属品（Misc apparel & accessories）	0.259 691	马里兰、密西西比、纽约
61	251	家用家具（Household furniture）	0.255 488	NS[1]、密西西比、弗吉尼亚
62	259	杂项家具和屋内必备设施（Misc furniture & fixtures）	0.255 273	犹他、罗得岛、马里兰
63	346	金属锻件和冲压件（Metal forgings & stampings）	0.254 278	密歇根、俄亥俄、威斯康星

［1］因译者能力所限，未找到有关该缩写对应地理名称的可信资料。——译者注

附录D 区位基尼系数

续前表

排序	产业代码	产业名称	基尼系数	主要的州
64	353	建筑和相关机械（Construction & related machinery）	0.251 05	俄克拉何马、怀俄明、艾奥瓦
65	274	杂项出版物的发行（Miscellaneous publishing）	0.244 823	哥伦比亚特区、科罗拉多、堪萨斯
66	345	螺纹机械制品、螺栓等（Screw machine pdts, bolts, etc）	0.239 701	罗得岛、康涅狄格、伊利诺伊
67	271	报纸（Newspapers）	0.237 544	纽约、佛蒙特、明尼苏达
68	273	书籍（Books）	0.237 544	纽约、佛蒙特、明尼苏达
69	279	印刷服务（Printing trade services）	0.235 163	哥伦比亚特区、马里兰、纽约
70	283	药品（Drugs）	0.234 789	新泽西、印第安纳、特拉华
71	278	空白账册和装订（Blankbooks & bookbinding）	0.232 561	马萨诸塞、新泽西、密苏里
72	341	金属罐和航运集装箱（Metal cans & shipping containers）	0.232 013	科罗拉多、马里兰、伊利诺伊
73	233	女士外衣（Women's & misses' outerwear）	0.231 918	夏威夷、纽约、宾夕法尼亚
74	354	金属加工机械（Metalworking machinery）	0.231 087	佛蒙特、密歇根、俄亥俄
75	252	办公家具（Office furniture）	0.230 208	密歇根、艾奥瓦、北卡罗来纳
76	382	测量与控制装置（Measuring and controlling devices）	0.224 846	内华达、佛蒙特、新罕布什尔
77	366	通信设备（Communication equipment）	0.224 418	马里兰、新墨西哥、佛罗里达
78	332	钢铁铸造（Iron & steel foundries）	0.220 53	亚拉巴马、威斯康星、俄亥俄

地理与贸易

续前表

排序	产业代码	产业名称	基尼系数	主要的州
79	306	其他人造橡胶制品（Fabricated rubber pdts, nec）	0.217 496	俄亥俄、新罕布什尔、阿肯色
80	367	电子元器件和附件（Electronic components & accessories）	0.216 259	亚利桑那、佛蒙特、加利福尼亚
81	336	有色金属铸造（Nonferrous foundries）	0.215 594	俄亥俄、密歇根、威斯康星
82	284	肥皂、清洁剂和厕所用品（Soaps, cleaners & toilet goods）	0.210 857	新泽西、密苏里、马里兰
83	343	管道设备和采暖系统（电气系统除外）（Plumbing & heating, except electric）	0.201 985	佛蒙特、西弗吉尼亚、肯塔基
84	285	油漆和相关制品（Paints & allied products）	0.201 037	纽约、伊利诺伊、肯塔基
85	361	配电设备（Electric distributing equipment）	0.197 298	密西西比、肯塔基、宾夕法尼亚
86	335	有色金属压延（Nonferrous rolling & drawing）	0.194 648	西弗吉尼亚、罗得岛、内华达
87	364	电气照明设备和布线设备（Elec lighting & wiring equip）	0.186 535	罗得岛、西弗吉尼亚、伊利诺伊
88	254	隔板和固定物（Partitions & fixtures）	0.182 132	内布拉斯加、阿肯色、伊利诺伊
89	239	杂项人造纺织品（Misc fabricated textile pdt）	0.180 902	北达科他、夏威夷、南卡罗来纳
90	362	电动工业设备（Electrical industrial apparatus）	0.180 583	威斯康星、阿肯色、俄亥俄
91	347	其他金属加工服务（Metal services, nec）	0.180 022	罗得岛、密歇根、加利福尼亚
92	342	刀具、手动工具和五金器具（Cutlery, hand tools, & hardware）	0.178 53	康涅狄格、密歇根、西弗吉尼亚
93	289	杂项化学品（Miscellaneous chemical products）	0.173 693	新墨西哥、堪萨斯、新泽西

附录 D 区位基尼系数

续前表

排序	产业代码	产业名称	基尼系数	主要的州
94	384	医疗设备（Medical instruments & supplies）	0.170 018	南达科他、犹他、内布拉斯加
95	358	冷冻及相关服务机械（Refrigeration & service machinery）	0.163 089	肯塔基、明尼苏达、田纳西
96	394	玩具和体育用品（Toys & sporting goods）	0.160 812	罗得岛、新泽西、佛蒙特
97	276	多层复写商业表格（Mainfold business forms）	0.155 267	佛蒙特、犹他、堪萨斯
98	356	通用工业机械（General industrial machinery）	0.153 676	俄克拉何马、新罕布什尔、康涅狄格
99	355	专用工业机械（Special industry machinery）	0.148 829	新罕布什尔、马萨诸塞、威斯康星
100	349	杂项人造金属制品（Misc fabricated metal products）	0.140 874	俄克拉何马、罗得岛、艾奥瓦
101	369	杂项电动设备（Misc electrical equipment & sup）	0.137 169	佛蒙特、印第安纳、科罗拉多
102	399	杂项制造品（Miscellaneous manufactures）	0.128 871	内华达、伊利诺伊、纽约
103	344	人造金属结构制品（Fabricated structural metal pdts）	0.119 871	俄克拉何马、路易斯安那、罗得岛
104	359	杂项机械（电动机械除外）（Misc machinery, except electrical）	0.109 036	新墨西哥、俄克拉何马、路易斯安那
105	275	商业印刷（Commercial printing）	0.101 342	哥伦比亚特区、明尼苏达、伊利诺伊
106	307	杂项塑料制品（Misc plastics products）	0.096 105	内华达、新罕布什尔、新泽西

参考文献

Arthur, B. (1986). "Industry location patterns and the importance of history," Center for Economic Policy Research (Stanford), paper #84.

Arthur, B. (1990). "Positive feedbacks in the economy," *Scientific American* 262 (February): 92–99.

Bairoch, P. (1988). *Cities and Economic Development*, Chicago: University of Chicago Press.

Buckberg, E. (1990). "Settling the prairies: Canada's national policy in the late 19th century," mimeo, MIT.

Chandler, A. (1990). *Scale and Scope*, Cambridge, MA: Harvard University Press.

David, P. (1985). "Clio and the economics of QW-

ERTY," *American Economic Review* 75: 332 - 337.

David, P., and Rosenbloom, J. (1990). "Marshallian factor market externalities and the dynamics of industrial localization," *Journal of Urban Economics*.

DeGeer, S. (1927). "The American manufacturing belt," *Geografiska Annaler* 9: 233 - 359.

Dixit, A., and Stiglitz, J. (1977). "Monopolistic competition and optimum product diversity," *American Economic Review*.

Faini, R. (1984). "Increasing returns, nontraded inputs, and regional developments," *Economic Journal* 94: 308 - 323.

Hall, R. (1989). "Temporal agglomeration," NBER Working Paper ♯3143.

Helpman, E., and Krugman, P. (1985). *Market Structure and Foreign Trade*, Cambridge, MA: MIT Press.

Henderson, J. V. (1974). "The sizes and types of cities," *American Economic Review* 64: 640 - 656.

Henderson, J. V. (1988). *Urban Development: Theory, Fact, and Illusion*, New York: Oxford.

Hirschman, A. (1958). *The Strategy of Economic*

Development, New Haven: Yale University Press.

Hoover, E. M. (1948). *The Location of Economic Activity*, New York: McGraw-Hill.

Isard, W. (1956). *Location and Space-economy*, Cambridge, MA: MIT Press.

Jacobs, J. (1969). *The Economy of Cities*, New York: Vintage Books.

Jacobs, J. (1984). *Cities and the Wealth of Nations*, New York: Vintage Books.

Kaldor, N. (1972). "The irrelevance of equilibrium economics," *Economic Journal* 82: 1237 – 1255.

Krugman, P. (1981). "Trade, accumulation, and uneven development," *Journal of Development Economics* 8: 149 – 161.

Krugman, P. (1991a). "History and industry location: the case of the US manufacturing belt," *American Economic Review*.

Krugman, P. (1991b). "Increasing returns and economic geography," *Journal of Political Economy*, forthcoming.

Krugman, P. (1991c). "History vs. Expectations," *Quarterly Journal of Economics*, forthcoming.

Krugman, P., and Venables, A. (1990). "Integation and the competitiveness of peripheral industry," in C. Bliss and J. Braga de Macedo, eds., *Unity with Diversity in the European Community*, Cambridge: Cambridge University Press.

Lichtenberg, R. M. (1960). *One Tenth of a Nation*, Cambridge, MA: Harvard University Press.

Marshall, A. (1920). *Principles of Economics*, London: Macmillan.

McCarty, H. H. (1940). *The Geographic Basis of American Life*, Westport, CT: Greenwood Press.

Murphy, K., Shleifer, A., and Vishny, R. (1989a). "Industrialization and the big push," *Journal of Political Economy* 97: 1003–1026.

Murphy, K., Shleifer, A., and Vishny, R. (1989b). "Increasing returns, durables, and economic fluctuations," NBER Working Paper #3014.

Myers, D. (1983), "Emergence of the American manufacturing belt: an interpretation," *Journal of Historical Geography* 9: 145–174.

Myrdal, G. (1957). *Economic Theory and Underdeveloped Regions*, London: Duckworth.

Perloff, H., Dunn, E., Lampard, E., and Muth, R. (1960). *Regions, Resources, and Economic Growth*, Baltimore: Johns Hopkins.

Porter, M. (1990). *The Competitive Advantage of Nations*, New York: Free Press.

Pred, A. (1966). *The Spatial Dynamics of US Urban-Industrial Growth, 1800—1914*, Cambridge, MA: MIT Press.

Rhode, P. (1988). "Growth in a high-wage economy: California, 1890—1920," mimeo, Stanford.

Romer, P. (1986). "Increasing returns and long-run growth," *Journal of Political Economy* 94, 1002-1038.

Romer, P. (1987). "Growth based on increasing returns due to specialization," *American Economic Review* 77: 56-62.

Romer, P. (1990). "Are nonconvexities important for understanding growth?," NBER Working Paper #3271.

Rotemberg, J., and Saloner, G. (1990). "Competition and human capital accumulation: a theory of interregional specialization and trade," NBER Working Paper #3228.

Young, A. (1928). "Increasing returns and economic progress," *Economic Journal* 38: 527-542.

索引[1]

Access，渠道，95，105

Advantage，优势

  comparative，比较优势，6

Agricultural machinery，农业机械（农机制造业），61

Agricultural sector，农业部门，13，15，20，28，29，88

  in Canada，加拿大的农业部门，90-91

  in core-periphery model，中心—外围模型中的农业部门，101，102，103，105-109，113

Aircraft industry，飞机制造业，57，59

Akron (Ohio)，阿克伦城（俄亥俄州），53，62-63

Apparel industry，服装产业，80

---

[1] 每个英文索引词后面的页码为英文版原著页码，与本书页边码一致。——译者注

Arthur, Brian, 布赖恩·阿瑟, 26, 100

Automotive industry, 汽车产业, 23, 58, 77-78

Belgium, 比利时, 71, 96-97

Big Four, 欧洲四强, 75, 76

Boeing, 波音公司, 57, 59

Boosterism, 自我宣传, 32-33

Boston, 波士顿, 65

Boundaries, 边界, 70

 defining, 定义边界, 109, 112-113

 national, 国家边界, 71-72

Business cycles, 商业周期, 7, 8, 9

California, 加利福尼亚州, 28, 57

Canada, 加拿大

 economic nationalism in, 加拿大的经济民族主义, 90-92

 in manufacturing belt, 制造业带以内的加拿大, 11, 71

Capital, 资本, 94

 and free trade, 资本和自由贸易, 72-73

Carpet industry, 地毯制造业

 concentration of, 地毯制造业的聚集, 59-61

 in Dalton (Ga.), 佐治亚州多尔顿市的地毯制造业, 35, 53

Census, 人口普查, 57

索 引

Center-periphery model. *See* Core-periphery model，中心—外围模型

Chicago，芝加哥市，61，66

Coal mines，煤矿，13，23

Competition，竞争，9，104

 for labor force，为获取劳动力而竞争，42–43，46

Compton, Karl，卡尔·康普顿，64

Concentration，聚集，66，81，98

 in carpet industry，地毯制造业的聚集，59–61

 of firms，厂商的聚集，36–38

 geographic，在地理上的聚集，14–23

 of labor force，劳动力的聚集，117–118，119–120

 and labor market，聚集和劳动市场，36–37，38–43，45，49

 manufacturing，制造业的聚集，9，14，21，32

 of production，生产的聚集，5–6，17

Consumers，消费者

 costs to，给消费者带来的成本，107–108

Core-periphery model，中心—外围模型，26–27，34，71，94，95，113

 of endogenous development，揭示内生发展特征的中心—外围模型，101–105

 formation of，中心—外围模型（格局）的形成，51–52

 history and expectations in，中心—外围模型的历史和预期，115–122

regional development and，区域发展和中心—外围模型，83，84-90

sustainability of，中心—外围模型（格局）的可持续性，105-109

Costs，成本，15，116

fixed，固定成本，16-17，19-20

relative，相对成本，107-108

transport，运输成本，16，21，22，24-25，49-50，51，52，79，83，85，86，88，89，96-97，110，113

Cumulative process，累积性过程

localization as，作为累积性过程的地方化，62，66-67

Currency，货币

standardized，标准化货币，82，83

Dagyr, John Adams，约翰·亚当斯·达格尔，61

Dalton (Ga.)，佐治亚州多尔顿市，35，53，60-61

David, Paul，保罗·戴维，100

Deindustrialization，产业空心化，98

Delocalization，去地方化（分散化），80

Demand，需求，15，26，42

"footloose,""可自由流动的"需求，51-52

Depression，大萧条，63

Detroit，底特律市，23，58

Development，发展，32，101

expectations and，预期和发展，29-30，119-121

regional，地区发展，10，11

East，东部地区，24，28，30-31，46

East North Central region，中部地区的东北片区域，13

EC. *See* European Commission，欧洲委员会

Ecology，生态

    industrial，产业生态，52

Economic growth，经济增长，8，9

Economics，经济学，70，100

    international，国际经济学，1-3，7

    world view of，经济学的世界观，8-9

Economies，经济（经济体），28，33，70，118

    external，外部经济，26，53，122

    integration of，经济一体化，80，83

    interregional，区域间的经济，92-94

    multiple-core，（具有）多重产业中心的经济体，85-86

    regional，区域经济，116，120-122

    two-region，（包含有）两个地区的经济，86-88

Economies of scale，规模经济，10，52，79，113

    in manufacturing，制造业的规模经济，21，22，103，104

    in production，生产中的规模经济，98，102

    strength of，规模经济的强度，85，86

in transportation, 运输中的规模经济, 24, 30, 110, 111

Employment, 就业, 37, 58

 in manufacturing, 制造业中的就业, 13, 27, 55-56

EMU, 欧洲货币联盟, 82

England, 英格兰, 66

Equilibria, 均衡

 in core-periphery model, 中心—外围模型中的均衡, 87, 101, 109

 determinants of, 均衡的决定因素, 109-113

 and expectations, 均衡和预期, 118, 120-121

 multiple, 多重均衡, 9, 18

 production, 均衡产量, 17-18

 of wages, 均衡工资, 103, 106

Europe, 欧洲, 82, 83

 auto industry in, 欧洲的汽车产业, 77-78

 income in, 欧洲的收入, 94-95

 interregional economy of, 欧洲的地区间经济, 92-94

 localization and specialization in, 欧洲的地方化和专业化, 79-81

 manufacturing belt in, 欧洲的制造业带, 11, 71

 trade in, 欧洲的贸易, 75, 79

European Commission (EC), 欧洲委员会, 69, 72, 79, 94

Evans, Catherine, 凯瑟琳·埃文斯, 35, 60, 61

Exchange controls, 外汇管制, 79

索 引

Exchange rates，汇率，82

Expectations，预期，115，118

 and regional development，预期和区域发展，29-30，119-121

 self-fulfilling，自我应验的预期，31-32

Expenditures，支出，108，109-110，113

Financial sector，金融部门，53，66

Firms，厂商

 concentration of，厂商的聚集，36-38

 costs to，给厂商带来的成本，107-108

 labor force for，厂商所需要的劳动力，39-40，46-47

 monopsony power of，厂商的买方垄断力量，45，47-48，49

 sales of，厂商的销售额，106-107

 wage rates of，厂商提供的工资率，44-45

France，法国，71

Garment center，服装中心，23，63

Gastarbeiter，客籍劳工，88

Geography，地理学，70

 economic，经济地理学，1，3-4，7-8，99-100

Georgia，佐治亚州，58，60-61

Germany，德国，71，77，80，88

Gini coefficients，基尼系数

locational，区位基尼系数，55-56，57，58，66，129-132

Goodrich, Benjamin Franklin，本杰明·富兰克林·古德里奇，62

Goods，商品，66，105

 intermediate，中间品，51，53

 manufactured，制造品，15-16

 trade in，商品贸易，73-74

Great Lakes area，五大湖域，13

Hall, Robert，罗伯特·霍尔，9

Helpman, Elhanan，埃尔赫南·赫尔普曼，50，73

Hewlett-Packard，惠普公司，64

High technology，高科技

 localization of，高科技（产业）的地方化，53，55，59，64

Hirschman, Albert，艾伯特·赫希曼，98

History，历史，32

 and expectations，历史和预期，115，122

 and location，历史和区位，9-10

Import substitution，进口替代，91-92

Income，收入，106，108，116

 interregional，地区间收入，93-94

 peripherality and，外围性和收入，94-95

Increasing returns，收益递增，6，7，9，10，14，31，41，83

索　引

Industrialization，工业化，26，52

Industry，产业，22，58，77，81

　　location of，产业的区位，5，10，23

　　localization of，产业的地方化，11，36 - 38，49 - 50，51 - 52，
　　　　54 - 55，57，72，73，92 - 93

　　organization of，产业组织，6 - 7

　　peripheral，外围产业，95，96 - 98

Information transmission，信息传输，66

Inputs，投入品

　　intermediate，中间投入品，49 - 50

Integration，一体化

　　economic，经济一体化，80，83，96 - 98

Iron City，钢铁城，63

Italy，意大利，77

Jewelry production，珠宝生产，53，57，61

Kaldor, Nicholas，尼古拉斯·卡尔多，9，10，98

Knowledge，知识

　　flow of，知识的流动，53 - 54

　　and technological spillovers，知识和技术溢出，52 - 54

Kodak，柯达公司，57，59

Labor force，劳动力，16，28，44，48，73，116，123
 allocations of，劳动力的配置，120，121
 competition for，竞争劳动力（为获取劳动力而竞争），42－43
 concentration of，劳动力的聚集，117－118，119－120
 and firms，劳动力和厂商，46－47
 mobility of，劳动力的流动，48，72，91
 pooling of，劳动力共享，36－37，38－42，45，53
 sectoral，部门劳动力，102－103
 and wages，劳动力和工资，124－127

Labor market，劳动市场
 pooling，劳动市场共享，36－37，49，123－127

Localization，地方化，50，70
 as cumulative process，作为累积性过程的地方化，62，66－67
 in European economy，欧洲经济的地方化，79－80
 of industry，产业的地方化，11，36－38，51－52，54－55，57－59，72，73，92－93
 of labor force，劳动力的地方化，38－43，45
 of manufacturing，制造业的地方化，35，62－63
 and technological spillovers，地方化和技术溢出，52－54
 and trade barriers，地方化和贸易壁垒，78－79

Location，区位，26，111
 and fixed costs，区位和固定成本，19－20
 and history，区位和历史，9－10

industry，产业区位，5，10，54-55

    and labor force，区位和劳动力，40-42

    of manufacturing，制造业的区位，55-56

    of production，生产的区位，26，51

London，伦敦市，66

Los Angeles，洛杉矶市，28，66

Luxembourg，卢森堡，71

McCarty, H. H.，H. H. 麦卡蒂，13

Manufactured goods，制造品，15-16，72

Manufacturing belt，制造业带，25-26，71，80

    dominance of，制造业带的支配地位，12-13

    emergence of，制造业带的崛起，22-23

    establishment of，制造业带的确立，11-12，14，32

Manufacturing sector，制造业部门，16，20，35，85，88，98，103，104，111

    concentration of，制造业部门的聚集，9，14，21，32

    in core-periphery model，中心—外围模型中的制造业部门，52，102，105-109，113

    dependence in，制造业部门中的依赖性，62-63

    employment in，制造业部门中的就业，13，27，55-56

    and expenditures，制造业部门和支出，109-110，113

    and population distribution，制造业部门和人口分布，18-19，29，30-31

Markets，市场，5，15，92，95

 See also Labor market; Market structure，也可参见劳动市场；

        市场结构

Market structure，市场结构，4，15，20，99，102，104

Marshall, Alfred，阿尔弗雷德·马歇尔，36－37，41，49，98

Massachusetts，马萨诸塞州，33，53，61

Midwest，中西部地区，11，24，75，77，78

Migration，移民，90－91，116，117

Milan，米兰市，65

Models，模型，71，99

 See also Core-periphery model，也可参见中心—外围模型

 of trade，贸易模型，50－51，73－74

Money. *See* Currency，货币

Monopsony power，买方垄断力量，45，47－48，49

Montreal，蒙特利尔市，70

Motown，汽车城，63

 See also Detroit，也可参见底特律市

Myrdal, Gunnar，冈纳·缪达尔，98

Nationalism，民族主义

 economic，经济民族主义，90－92

National Policy (Canada)，民族性政策（加拿大），91

Nations，国家，75

 definition of，国家的定义，70－72

索　引

New England，新英格兰，80

New Jersey，新泽西州，61

New York，纽约市，23，53

New York State，纽约州，57，61

North Carolina，北卡罗来纳州，68，64

Northeast，东北部地区，11，13，75

Ohio，俄亥俄州，53，58，62 – 63

Ontario，安大略省，71

Organization，组织，6 – 7

Photographic equipment，摄影器材，57，59

Piedmont，皮德蒙特地区，57，58

Policy，政策，87 – 88，99

Pooling，共享，46

　　labor market，劳动市场共享，38 – 43，45，53，123 – 127

Population，人口，22，28，31

　　distribution of，人口分布，18 – 19，29，93

Pred, Allan，艾伦·普瑞德，98

Price index，价格指数，107

Pricing，定价

　　and competition，定价和竞争，104 – 105

　　relative，相对定价，107 – 108

Production，生产，8，98，109　　　　　　　　　　　　　　*141*

concentration of,生产的聚集,5-6,17

"footloose","可自由流动的"生产,22,85,86

location of,生产的区位,15,26,51

in manufacturing,制造业的生产,16,27

of sectors,多个部门的生产,102-103

and transportation costs,生产和运输成本,96-97

Profits,利润,46

zero,零利润,104

Protectionism,保护主义,90

Providence(R.I.),普罗维登斯市,53,61

Quebec,魁北克省,90

QWERTY,QWERTY(或 QWERTY 键盘),100

Railroads,铁路,26,90

economic impacts of,铁路对经济的影响,97-98

network of,铁路网络,23-25

Regions,地区,71,83

core-periphery model in,多地区中心——外围模型,84-85,88-90

divergence within,多个地区之间的差异,23-25,75-76

economic expectations in,对多个地区的经济预期,115-122

European,欧洲地区,76,92-93,95

multiple cores in,在多个地区演化出多个(产业)中心,85-88

索 引

specialization in，地区专业化，77，80，81

Relocation，重新选址（搬迁），80

Research Triangle（N.C.），研究三角园区（北卡罗来纳州），63，64

Resources，资源，13，28

Returns. See Increasing returns，收益，参见收益递增

Rhode, Paul，保罗·罗德，28

Rhode Island，罗得岛州，53，61

Risk，风险，44

Romer, Paul，保罗·罗默，9

Route 128（Mass.），波士顿 128 号公路（马萨诸塞州），57，59，63，64，65，66

Sales，销售量，50，106-107

Samuelson, Paul，保罗·萨缪尔森，73

Samuelson's angel，萨缪尔森的天使，73-74

Samuelson's iceberg，萨缪尔森的冰山，103

Seattle，西雅图，59，70

Sectors，部门

   and production factors，部门和生产要素，102-103

Services，服务，49-50，53，81

   growth of，服务的增长，65-66

Shoe production，制鞋，53，61

Silicon Valley（Calif.），硅谷（加利福尼亚州），53，57，59，61，66

localization in，硅谷的地方化，62，63，64 – 65

South，南部地区，22，75，77

Southeast，东南部地区，57，80

Southern Europe，欧洲南部地区，80

Soviet Union，苏联，84

Spain，西班牙，96

Specialization，专业化（分工），77

 in European economy，欧洲经济的专业化，79 – 80

 industrial，产业专业化，78，81

 international，国际分工，3，9

States，州

 as geographic units，州作为地理单位，57 – 58

Steamships，蒸汽轮船，97 – 98

Sunbelt，阳光地带，122

Surplus，盈余

 operating，营业盈余，108

Tariffs，关税，79，90

Taste, technology, and factor endowment (TTFE)，喜好、技术和要素禀赋，100

Technological spillovers，技术溢出，37 – 38

 localization and，地方化和技术溢出，52 – 54

Telecommunications，电信，66

索 引

Terman, Fred, 弗雷德·特曼, 64

Textile industry, 纺织产业, 57, 58, 80

 concentration of, 纺织产业的聚集, 59-61

Tokyo, 东京市, 66

Toronto, 多伦多市, 71

Trade, 贸易, 6, 8, 72, 92

 barriers to, 贸易壁垒, 78-79, 87, 96

 international, 国际贸易, 1-2, 10, 34

 models of, 贸易模型, 50-51, 73-74

Trades, 行业, 37

Transportation, 运输, 66, 103

 costs of, 运输成本, 16, 19, 21, 22, 30, 49-50, 51, 52, 79, 83, 85, 88, 89, 96-97, 110, 113

 and geographic concentration, 运输和地理上的聚集, 14-15

 networks of, 运输网络, 23-25

TTFE. *See* Taste, technology, and factor endowment, TTFE, 参见喜好、技术和要素禀赋

Turkey, 土耳其, 88

Uncertainty, 不确定性, 41

United States, 美国, 80, 81, 90, 92

 auto industry, 美国的汽车产业, 77-78

 manufacturing belt in, 美国境内的制造业带, 9, 11-12

trade in，美国境内的贸易，75，79

Urban studies，城市研究，3

U. S. Bureau of the Census，美国人口普查局，57

Vancouver，温哥华市，70

Wages，工资，30

    determination of，工资的决定，43-44，46，111

    equilibrium，均衡工资，103，106

    and labor market pooling，工资和劳动市场共享，123-127

    real，实际工资，116-117

    regional differentials in，工资的地区差距，31，120，122

    for specialized labor，专业技术工人的工资，38，39

    variation in，工资的变异，44-45

Washington，华盛顿州，57

Wealth，财富，66

Welfare，福利，88，89，102

West，西部地区，24，30，31，46，75

    population growth in，西部地区的人口增长，28，29

Workers. *See* Labor force，工人，参见劳动力

Young, Allyn，阿林·扬，98

译后记

2008年的诺贝经济学奖授予了本书的作者保罗·克鲁格曼，以表彰他在研究贸易模式和经济活动的区域定位方面所做出的开创性贡献，而本书正是克鲁格曼在这一研究领域的标志性成果之一。

克鲁格曼在这本书中用通俗易懂的语言说明了收益递增、运输成本和历史上的偶然性事件如何塑造了现实的经济地理格局。以往的主流经济学通常假定收益不变，这样，当克鲁格曼在收益递增假设基础上建立起严谨的模型，并用以分析国际贸易的起因、经济活动的区域定位以及劳动力流动等问题时，主流经济学的分析方法和研究内容都因此得到了显著的扩展，新经济地理学或者新贸易理论也因此成为经济学中一个崭新的热门领域。对此,克鲁格曼就曾在一篇简短的自传性文字中自信满满地写道:"自1990年以来,我已经构建了许多的地理学模型,这些模型不仅有着越来越多的支持者,而且也激发了越来越多的实证研究。有理由相信,在十年以后,新经济地理学必将被确立为新贸易理论。如果真是这样的话,那么我就成功地把基于收益递增的绝大部分分析方法引入到主流经济学的核心了。我想,这是我的主要成就……"没错,当我们翻开任何一本当代的国际经济学教材或者国际贸易学教材时,我们几乎都会看到克鲁格曼的新贸易理论在其中占据着相当的篇幅,而当我们打算研究生产的区域定位、产业集群等问题时,克鲁格曼的一些作品也几乎都会被列入参考文献。

尽管本书是一部被广泛引述、内容严谨的学术著作,而且要弄懂本书附录中的技术性细节也并非易事,但是阅读本书正文的全部内容似乎并不难。这大概就是克鲁格曼一贯的写作风格——"用简明的语言讲述严肃的经济学问题"。这种写作风格对读者来说当然是一种利好,但是对于翻译者来说并不意味着工作更加轻松。在翻译本书的过程中,我希望能够按照普遍认可的标准,尽可能用清晰、流畅的中文把作者的原笔原意表达出来。虽然我的学识水平还不足以支持我完

译后记

全实现这样的目标，但是我的确已经竭尽全力。在翻译过程中，我经常会为了一处用词如何更准确或者一个句子的表达如何更流畅而琢磨一整天甚至更长的时间。为了解决心中的疑惑，或者为了让翻译内容更加有理有据，我参考了大量的中英文资料，其中就包括张兆杰先生贡献的《地理和贸易》（北京大学出版社和中国人民大学出版社，2000），但是限于篇幅，我在这里无法列出那一长串中英文资料名称及其著译者名单，只能是默默地对他们表示感谢。

感谢中国人民大学出版社把本书的翻译任务交给我，出版社不仅给予我极大的信任，而且给了我相当宽裕的工作时间。此外，还要感谢我的工作单位安徽财经大学为我提供的良好的工作条件。

虽然翻译工作十分辛苦，甚至译者有时候还会感到无助和沉闷，但是通过仔细研读经典来弄清楚原著中的每一处细节，领略一流学者思想表达的每一处精彩，还是会给译者带来很大的喜悦，我希望本书的读者们也能够分享这种喜悦。当然，这种喜悦从根本上来说是原作者带给我们的，用克鲁格曼自己在传记中的话说就是："……如果发现那些推动历史进程的重大事件、那些决定帝国兴衰和王侯命运的力量有时候都可以被解释、被预测，甚至可以在一张打印纸页面上用几个符号来加以描述，那么我想几乎没有什么事情能比这更令人兴奋了。我们都向往权力，我们都向往成功，但我们能够获得的最高奖赏是，当我们对现实世界的运行方式有所领悟时所能感受到的那份纯粹的喜悦。"

刘国晖

2017年8月于安徽财经大学

Geography and Trade

by Paul Krugman

Copyright © 1991 Paul Krugman

Simplified Chinese version © 2017 by China Renmin University Press.

All Rights Reserved.

图书在版编目（CIP）数据

地理与贸易/（美）保罗·克鲁格曼著；刘国晖译.—北京：中国人民大学出版社，2017.10
（诺贝尔经济学奖获得者丛书）
ISBN 978-7-300-24736-6

Ⅰ.①地… Ⅱ.①保… ②刘… Ⅲ.①经济地理学-研究 ②国际贸易-商业地理-研究 Ⅳ.①F119.9 ②F742

中国版本图书馆 CIP 数据核字（2017）第 196869 号

"十三五"国家重点出版物出版规划项目
诺贝尔经济学奖获得者丛书
地理与贸易
保罗·克鲁格曼　著
刘国晖　译
Dili yu Maoyi

出版发行	中国人民大学出版社				
社　　址	北京中关村大街 31 号		邮政编码	100080	
电　　话	010-62511242（总编室）		010-62511770（质管部）		
	010-82501766（邮购部）		010-62514148（门市部）		
	010-62515195（发行公司）		010-62515275（盗版举报）		
网　　址	http://www.crup.com.cn				
经　　销	新华书店				
印　　刷	涿州市星河印刷有限公司				
规　　格	160 mm×235 mm　16 开本		版　次	2017 年 10 月第 1 版	
印　　张	12.5 插页 2		印　次	2022 年 10 月第 3 次印刷	
字　　数	101 000		定　价	48.00 元	

版权所有　　侵权必究　　印装差错　　负责调换